齋藤尚志
笹倉千佳弘
井上寿美
著

はじめて保育・教育を
学ぶ人のために

〈わかちあい〉の共育学

教職課程コアカリキュラムに基づく
教員養成テキスト

基礎編

明石書店

はじめに

　いかなる富も、いかなる作品も生み出さないのが、
　　　　　　　　　　　　遊びというものの特徴である。

　20世紀フランスの知識人・カイヨワ（Caillois, R.）は、『遊びと人間』の中で、遊びが労働や芸術とは異なり、成果を生み出さないと述べた。遊びは、時間とエネルギー、興味や関心をただ消費するだけでよいということであろう。
　現行幼稚園教育要領では、「幼児の自発的な活動としての遊び」は、「心身の調和のとれた発達の基礎を培う重要な学習」とされた。しかし「学び」は「真似び（模倣）」というように遊びを語源とする。そうであるならば、「学習」はそもそも「遊び」ではないのか。それとも、「遊び」が「学習」であるのか。いま子どもは、「時間とエネルギー、興味や関心をただ消費する」ことを許されなくなったのであろうか。

　2019（平成31）年4月1日現在、全国1,283校の大学・大学院・短期大学等における合計19,416の課程が教職課程コアカリキュラムに基づき認定された。2015（平成27）年12月の中央教育審議会答申「これからの学校教育を担う教員の資質能力の向上について」は、教員の養成・採用・研修の3段階における大学・採用者（教育委員会や学校法人等）・国（文部科学省）の連携に関して、具体的な制度的枠組みの構築に向けた提言をおこなった。この答申を受けて、「教職課程コアカリキュラムの在り方に関する検討会」が開催され、2017（平成29）年11月に「教職課程コアカリキュラム」がまとめられた。
　「教職課程コアカリキュラム」によれば、教職課程コアカリキュラムとは、「教育職員免許法及び同施行規則に基づき全国すべての大学の教

職課程で共通的に修得すべき資質能力を示すもの」とされる。また、各大学等には教職課程コアカリキュラムの定める内容を学生に修得させたうえで、「地域や学校現場のニーズに対応した教育内容」や、「大学の自主性や独自性を発揮した教育内容」を追加するよう求めている。それによって、「各大学が責任をもって教員養成に取り組み教師を育成する仕組みを構築することで教職課程全体の質保証を目指す」ことが強く要請されている。

また教職課程コアカリキュラムでは、教職課程は学芸と実践性の両面を兼ね備えており、教員養成はこの２つの側面が融合することで高い水準の教員を養成することが求められてきたとする。学芸については、「教職課程は原則として大学における教育研究の一環として学芸の成果を基盤に営まれている」と述べられている。

このように、文部科学省から教員養成における大学の責任が問われ、「教職課程全体の質保証」が要請されている以上、一度、立ち止まって「全国すべての大学の教職課程で共通的に修得すべき資質能力」の中身をしっかりと検証する必要があると考える。そこで本書では、まずは教職課程コアカリキュラムの定める内容を学び、教員としてどのような資質能力が必要とされているのかを理解する。次にその内容および資質能力、それを支える教育観や人間観などを、いま現にある「地域や学校現場のニーズ」や、「大学の自主性や独自性」、なかでも「大学における教育研究の一環として（の）学芸の成果」によって読み解いていく。そして、それによって読み解かれた知を、子どもにかかわる人たち、子どもにかかわる仕事に就こうとしている人たちとわかちあいたい。

改めて冒頭の「遊び」と「学習」について考えてみよう。「自立」や「自己責任」が過剰に肯定される社会であるからこそ、問題や課題を一人で抱えこむことなく、「学芸の成果」であるカイヨワの知をわかちあい、それによって子どもの見方やかかわり方を振り返り、みずからを省

みる。過去・現在・未来の自己内対話をうながし、各自の知見や経験を他者と共有し共に育つ「〈わかちあい〉の共育学」を構築したい。「〈わかちあい〉の共育学」は、多様な人びとと〈共〉にあること、保育・教育の観点からだけでなく、領域横断的に事象をとらえ、読み解き、〈育〉っていくこと、試行錯誤や、時に時間とエネルギー、興味や関心をただ消費するだけの遊びも含む〈学び〉であること、からなっている。

　章の構成について説明する。各章とも「考えてみよう！」と「さらに考えてみよう！」の２部構成になっている。「考えてみよう！」では、各章のタイトルに関する事項について、幼稚園教育要領・学習指導要領および同要領解説、中央教育審議会答申や文部科学省の会議資料などを用いて概説している。「この章の前半で学びたいこと」は、教職課程コアカリキュラムの「各科目に含めることが必要な事項」の一般目標および到達目標に準じている。「さらに考えてみよう！」では、「考えてみよう！」で概説した内容を理解したうえで、わたしたちがさらに考えてほしい論点や観点を提示し、教育、子ども、教員、地域などについて論じている。
　なお、現行の学習指導要領は、小学校であれば「小要領」とし、その解説は総則編であれば「小解説総則」と表記している。児童の権利に関する条約は「考えてみよう！」ではその表記とし、条文は政府訳を用いた。「さらに考えてみよう！」では「子どもの権利条約」と表記し、条文は国際教育法研究会訳を使用している。「又」「及び」「行う」「子供」などの表記は、「考えてみよう！」では学習指導要領等で用いられているままとした。「さらに考えてみよう！」ではひらがな表記にしている。また、障害にかかわる表記については、障害を個人のインペアメント（機能障害）としてとらえないため、そのまま「障害」と表記している（第５章参照）。

2019年5月　執筆者一同

もくじ

はじめに 3

第1章 教育の理念・歴史・思想 ―――― 11

考えてみよう！

1. 教育の基本的な概念 11
2. 教育の本質――理念・目的・価値 13
3. 教育に関する多様な思想 14

さらに考えてみよう！

1. 教育の限界 19
2. 教育の抑圧性 20

第2章 教職の意義および教員の役割・職務内容 ―――― 23

考えてみよう！

1. 教職の意義および教員の役割 23
2. 教員の職務内容 26
3. チーム学校運営への対応 28

さらに考えてみよう！

1. 学校教育関係の3つのモデル 30
2. 共同関係における保護からの別れ 31

第3章 教育制度・教育行政 ―――― 35

考えてみよう！

1. 教育に関する制度的事項 35

2．学校と地域との連携　40
3．学校安全への対応　43

さらに考えてみよう！

1．多様な育ちの機会　46
2．地域と学校の"せつない"関係　48
3．学校安全と「聴聞される機会」　50

第4章　子どもの発達と学習 ──────── 55

考えてみよう！

1．子どもの発達の過程・特徴　55
2．主体的な学習活動を支える指導の基礎となる考え方　57

さらに考えてみよう！

1．個人差を無視した「子どもに圧力をかける」保育　63
2．個体能力論的発達観が引き起こした排除　65
3．「『発達』を囲む状況」をめぐる議論　66

第5章　特別の支援を必要とする子どもの理解と支援方法 ── 69

考えてみよう！

1．特別の支援を必要とする子どもの理解　69
2．特別の支援を必要とする子どもの教育課程および支援の方法　73

さらに考えてみよう！

1．個人のインペアメントに焦点化した日本のインクルーシブ教育　77
2．共に学ぶ場の創造　78

第6章 教育課程の意義および編成の方法 ──── 83

考えてみよう！

1. 教育課程とはなにか──役割・機能・意義　83
2. 教育課程の編成　90
3. カリキュラム・マネジメントの意義と理解　93

さらに考えてみよう！

1. 教育課程編成の可能性　95
2. 教育課程編成の限界　97

第7章 道徳の理論と指導法 ──── 101

考えてみよう！

1. 道徳の理論　101
2. 道徳の指導法　104

さらに考えてみよう！

1. いじめ防止対応としての道徳教育　108
2. 道徳教育と内心の自由　109

第8章 「総合的な学習の時間」の意義と指導法 ──── 113

考えてみよう！

1. 総合的な学習の時間の意義と原理　113
2. 総合的な学習の時間の指導計画の作成　116
3. 総合的な学習の時間の指導と評価　117

さらに考えてみよう！

1. 体験活動の教育的効果　119

2．体験活動と少年犯罪　120
3．体験活動における偶然性　121

第9章　特別活動の意義と指導法 ——— 123

考えてみよう！

1．特別活動の意義、目標および内容　123
2．特別活動の指導法　126

さらに考えてみよう！

1．「望ましい集団活動」の問題点　129
2．仲のよい集団の排他的性格　130
3．「できなさや弱さ、至らなさ」の共有　131

第10章　教育の方法と技術 ——— 133

考えてみよう！

1．教育の方法　133
2．教育の技術　139
3．情報活用能力とプログラミング教育　141

さらに考えてみよう！

1．子どもを知る方法　145
2．便利さゆえの問題点　146

第11章　生徒指導およびキャリア教育（進路指導を含む）の理論と方法 — 149

考えてみよう！

1．生徒指導およびキャリア教育の意義と原理　149
2．生徒指導およびキャリア教育の指導体制　153

3. 子どもをめぐる生徒指導上およびキャリア教育上の課題への対応　157

さらに考えてみよう！

1. 「子どもの貧困」という問題　161
2. 「学力向上による子どもの貧困からの脱却」物語　162
3. 「学力向上による子どもの貧困からの脱却」物語の虚構性　163

第12章　幼児理解の理論と方法　——————— 167

考えてみよう！

1. 幼児理解の意義と原理　167
2. 幼児理解の方法　170

さらに考えてみよう！

1. 「到達目標」で子どもが評価される幼児教育　174
2. 関係をとおして個人が育つ幼児教育　175
3. 人権を大切にする心と幼児教育　176

第13章　教育相談の理論と方法　——————— 181

考えてみよう！

1. 学校における教育相談の意義と課題　181
2. 学校教育相談に必要なカウンセリングの基礎的知識　183
3. 学校教育相談の展開　184

さらに考えてみよう！

1. 権力的な営みとしての学校教育相談　187
2. 子どもの権利擁護をおこなうための相談活動　189

おわりに　195

資料　諸法律（抜粋）　197

第1章 教育の理念・歴史・思想

考えてみよう！

　学校園の先生たちの主たる仕事は「教育する」ことです。それでは「教育する」とはどのような営みなのでしょうか？　これまでにあなたが過ごしてきた学校園における学習経験や生活経験を振り返って考えてみましょう。

この章の前半で学びたいこと
① 教育学の基本的な概念や教育の本質、教育を成り立たせている要因や関係を理解する。
② 教育に関する思想の変遷をたどり、それらと多様な教育理念との関係や現代社会における教育課題を歴史的に理解する。
③ 子ども、家庭、学校、学習などにかかわる代表的な教育家の思想を理解する。

1．教育の基本的な概念

(1)「教育」という語の歴史

　「教育」という語がはじめて使われたのは『孟子』尽心章句上編の「得天下英才、而教育之」（天下の英才を得て、之を教育す）であるとされている。教は「教える」、育は「育てる」、「育む」と他動詞の訓読みをもつ。また育は「育つ」という自動詞の訓読みももつ。
　ヨーロッパでは古代ギリシャの Paideia（パイデイア・導く）が「教育」にあたるが、その後、ラテン語の動詞 educare から、名詞 education な

どが派生した。「e-」は「外へ（ひっぱる）」、「ducare」は「（能力などを）産み出す」という意味である。つまり、教えて、その結果、人間の中からなにかが産み出されるという意味になる。

洋の東西を問わず、古くから「教育」が論じられて現在に至っている。人間にとって教育という営みが非常に重要な意味をもっていたわけである。

(2) 文化・社会と人間

カッシーラー（Cassirer, E.）は「人間は、文化を生み出すものであると同時に文化から生み出される存在でもある」（『人間』）と言った。彼によれば、人間は言語・数、神話、芸術、宗教などからなるシンボルの世界、つまり「文化」の中に産み落とされる。生物学的個体としての人間は、外界に言語を中心とした膨大なシンボルの世界を創り、子どもをそこに産み落とし、育み、育て、「個人」をつくる。さらにその過程で、シンボル自体をも改編し、高度化することを繰り返し、今日に至っている。こうして、人間は他の動物とは異なって、「文化」という特異な世界を生み出し、そこに生きることを子どもに否応なしに押しつけるのである。こうする以外には、厳しい自然の環境の中で、鋭いキバも、強いツメももたない弱小なほ乳類にすぎなかった人類が生存しつづけることは不可能であったとも言える。「文化」の中に生きることは、人間が、自然に対して、また他の生物に対して、生存を保障される唯一の方法であった。

また、このシンボルの世界である「文化」は、政治、経済、あるいは制度などを含み、そのより基底的要因を強調すれば「社会」と表現される。「人間は社会的動物である」（アリストテレス　Aristotle）、あるいは「人間は社会的諸関係の総体である」（マルクス　Marx, K.）などさまざまに説明されてきた。これらは、「社会」は外在的なものとして生物学的個体である人間を規定するものであるとともに、人間は社会に生きる

ことを宿命づけられた存在としてあるということを表現している。

　なお、文化的・社会的存在という人間の本質は、人間の生物学的特性にも影響を及ぼしている。ポルトマン（Portmann, A.）によれば、人間は文化的条件を受け入れるため、遺伝的要因による身体的成熟が妨げられ、未熟なまま誕生し（「生理的早産」）、その後、外的刺激に対して独特の反応を形成しながら、成長するようになっていったと言う。つまり、文化・社会への依存性が未熟なままで誕生するという人間の生理学的特質を生み出している。そしてこのことは同時に、人間における教育の必要性をも意味している。このような、人間における教育の必要性は、カント（Kant, I.）が「人間は教育されねばならぬ唯一の被造物である」「人間は教育によってのみ人間になる」（『教育学』）と述べたように、繰り返し指摘されてきた。

2．教育の本質——理念・目的・価値

(1) 理念・目的・価値

　教育の目的は、法制度の中で教育の理念に基づいて示される。教育の理念および目的を考える時、教育は各人各様、あらゆるところで営まれ、それを一律に定義することは難しい。しかし、そのような営みを貫く一般的傾向性、法則性を抽出し、それを、教育の理念と位置づけることはできる。制度化され、集団化された近代公教育（第2章参照）の場合にはおのずから近代国民国家としての、1つの、統一的・集合的な理念および目的がある。公教育には、公教育が実現しようとする国民国家の理念があり、目的として示されることになる。また、そこには、教育を受け、学習を進める者の中に育まれようとする価値があらかじめ前提とされている。

（2）社会的な理念と、個人主義的な理念

　教育の理念は、時代や社会とどのような関係にあると考えたらよいのであろうか。ディルタイ（Dilthey, W.C.L.）は歴史的相対主義の立場から、歴史や社会から超越して普遍性という高みから教育の理念および目的を導き出す無意味さを説いた。そして「時代の良きもの」や「歴史的な人類の獲得」を価値とし、これを教育の目的として、教育学がめざし、精錬するものと考えた。

　これに対して、このような相対主義ではなく、できるだけ時代の制約、社会的拘束をとり払って、普遍妥当な教育の理念をめざすことこそ重要であると主張する本質主義の教育学者もいる。たとえば、ヘルバルト（Herbart, J.F.）は、教育の目的は人格の中に「善なる意志」を実現することであるとした。そしてそれを、「内的自由」（自分の道徳的判断に忠実であること）、「完全」（強い意志・持続的な方向性）、「好意」（あるいは愛）、「正義」、「平衡」の5つに整理して提示する。またペスタロッチ（Pestalozzi, J.H.）は、教育の目的は、頭（知的能力）、胸（道徳的判断）、手（技術的能力）が胸を中心にして調和的に発達した人間をつくることであると論じた。

　歴史的相対主義の立場に立つ論者は教育の過程を社会的文脈でとらえ、本質主義の立場に立つ論者は教育の過程を個人主義的文脈でとらえている。

3．教育に関する多様な思想

（1）社会と個人をめぐる教育思想

　教育を成り立たせる諸要素のうち、環境的要素を重視する考え方は、伝統的な教育観に顕著である。マルクスの「人間の意識が人間の存在を決めるのではなく、逆に人間の社会的存在が人間の意識を決めるのである」（『経済学批判』）という定義はあまりにも有名である。デュルケム

（Durkheim, D.É.）も「教育がその起源においても、また機能においてもすぐれて社会的なもの」（『教育と社会学』）であって、ヘルバルトのような個人や人格の中に、人類一般の構成的属性を求め、その最高の完成度にまで高めるように発展させる試みとして教育を考える立場を批判した。彼は、全人類に普遍妥当な教育など存在せず、あるのは社会ごとに異なる教育・教育制度であり、同じ社会の中でも地域、職業、階層ごとに応じた教育がその社会の要求によってあると論じた。

これに対して、個人主義的教育学と総称されるもう1つの議論の流れでは、教育は個人に内在的な過程であるととらえる。ここでは、文化・社会は、このような個人の活動に対してあくまでも外在的にかかわるにすぎない。古典近代の教育理論と総称されるロック（Locke, J.）、ルソー（Rousseau, J.J.）、ペスタロッチ、フレーベル（Fröbel, F.W.A.）などは、すべてこのような構えで議論を構成している。たとえば、ルソーの「消極教育」という考えは、外在的要因が積極的にかかわることを戒めるものである。

社会と個人、どちらから教育にアプローチしようとするのか。この点に関しては、今もなお、教育理解の基本的な分水嶺として、教育にかかわる者に主体的考察を求めてくる。

（2）遺伝と環境

人間の成長をどのように説明するかという点で、よく知られた論争の1つに「遺伝か、環境か」という議論がある。20世紀初頭にはその論争が盛んにおこなわれていた。

ジェンセン（Jensen, A.R.）は、「発達は、特性によって環境条件の働き方が異なり、遺伝的な特性が発現するかどうかは、環境条件が、特性ごとに決まっている閾値（一定の水準）を超えるかどうかによる」とした（環境閾値説）。ドイツの心理学者シュテルン（Stern, W.）は「遺伝も、環境も」という立場から、人間の成長は、単に生まれながらの性質

が徐々に発現してくるのではなく、また逆に外界からの働きかけだけで形成されるものでもなく、両者の相互作用の結果として生ずると主張した（輻輳説）。

　ピアジェ（Piaget, J.）は、遺伝と環境の相互作用にあって、主体の能動性から問題をとらえるという新しい知見を切り拓いた。彼は、主体のもつ心理的構造そのものが、どのように形成されていくのかを問い、「同化」（環境に積極的に働きかけ、新しい要素をとり入れる）と「調節」（既存の構造の修正）の2つの側面から、発達をとらえようとした。

　しかし、このような同化と調節による均衡のとれた発達という考え方ですら、遺伝と環境の規定要因を強調しすぎるとされた。なぜならば、遺伝も、環境も、結局個体の手の届かないところにあるからである。むしろヴィゴツキー（Vygotsky, L.S.）は「人間が環境を統制する」という立場から、十分計画された、精緻な教育理論と実践によって、人間がいわゆる遺伝や環境を超えた発達を成し遂げることができると、主体の立場をより前進させる考え方（発達の最近接領域説）を提示した。

（3）教える側の視点からの教育学

　学校教育の教育方法（教授法・教授理論）について最初に問題提起をしたのは、17世紀の教育者コメニウス（Comenius, J.A.）であった。コメニウスは最初の教授学の書とされる『大教授学』（1657）において、実際的言語によって、経験的・実用的知識を伝達するための技術、つまり子どもの感覚を大切にし、子どもの成長・世界の広がりに即して知識を伝達しうる方法を考案し、世に問うた。

　学校教育の2つの機能、つまり経験的・実用的知識の獲得と、そのことによってもたらされる一般的能力の形成とをどのように結びつけ、統一的に理論化するかは、コメニウスの問題提起以来、実質陶冶説（知識や具体的経験を伝達することを重視する）、形式陶冶説（直観や思考力などの一般的・精神的能力を鍛えることを重視する）の対立を生み、議論は多

様に広がった。観察・記憶・比較・抽象などの思考能力を育てるロックの教育論、諸能力の成熟をふまえたルソーの「消極教育論」、ペスタロッチの直感教授と「全人陶冶論」などはその問いへのそれぞれの回答であった。

なかでも、ペスタロッチの「直感から概念へ」という教育方法論をさらに精緻に仕上げたヘルバルトは、教授学を誕生させた。彼の『一般教育学』(1806) は最初の教育学の書とされる。彼は、教育目的論を倫理学に、教育方法論を心理学に基礎づけ、その総合の学として「科学としての教育学」をうち立てようとした。当時の論争点であった実質陶冶か、あるいは形式陶冶かについて、両者はもともと分離することが不可能な要素であるとして、両者の関連構造を明らかにし、教育的教授の理論[1]を構築した。

(4) 学ぶ側の視点からの教育学

近代の学習理論は、ヘルバルト主義教育学以降の成果によって牽引されてきた。しかし、これに対し、学習は単なる認知ではなく、動機や意志、感覚、活動と分離することのできない全身的活動の一部であるとする主張が現れた。

デューイ (Dewey, J.) は、子どもの探求・表現・創造の本能などから出発して、作業をとおして学習を組織する学習者中心の教育課程が構想されるべきであるとした。「教育とは経験の絶えざる再構築の過程である」(『経験と教育』) との前提から、絶対的知識の存在を認めず、知識はあくまで目的達成の道具であり、特定の課題解決と分離できないと主張した。それゆえ教科書を中心とするのではなく、学習の絶えざる分節化によってカリキュラムが構成されるとした。それは、どのような理論をとろうとも結局は「教育」であったものを、「学習」中心の理論構成にしたのであった。

20世紀に入ると、学習者の自発的な活動を重視し、学習者がつくる

プロジェクトによって、いわば内部から学習を進めるという新しい考え方によって学習が組織されるようになった。デューイの弟子のキルパトリック（Kilpatrick, W.H.）の「プロジェクト・メソッド」である。プロジェクト・メソッドは、具体的な授業における単元展開として、目的設定、計画立案、実行、判断（評価）という一連のプロセスをとり、経験主義の単元学習の典型となった。田中（2012）は、「デューイやキルパトリックに代表される進歩主義教育においては、個人の成長と社会改造の主体形成の関係が統一的に把握され、それを実現するための具体的な実践方法を実験的に開発しており、この点で、今日の教育改革に重要な示唆を与えるものである」（p.29）とする。

（5）心理学に基づいた学習理論

20世紀には、ある領域で学習した内容が別の領域に転移するかを検討する心理学研究がおこなわれるようになった。ソーンダイク（Thorndeke, E.L.）の「試行錯誤学習」論は、感覚と行動の結合が学習の基本になるとし、この結合が反復によって強化されると考えた。それゆえ、試行錯誤と反復による学習の定着が強調された。この条件づけ学習では、パブロフ（Pavlov, I.P.）のイヌの実験による条件反射の理論（レスポンデント条件づけ）が有名である。それは、刺激と反応の対応関係が反復によって強化されることを証明した。パブロフの条件反射は、応答的行動であるが、さらに発展させて、報酬や賞罰によってこの系統的反応を強化して、刺激と直接関係しなくとも系統的反応を生むこと（オペラント条件づけ）を強調するスキナー（Skinner, B.F.）のネズミの実験によるオペラント学習理論などもある。

しかし、他方で、このような刺激―反応説（連合説）ではなく、学習は試行錯誤的におこなわれるのではなく、洞察によっておこなわれると説くゲシュタルト心理学者ケーラー（Köhler, W.）の洞察説もある。ケーラーは、チンパンジーが箱を重ねて宙に浮いたバナナを取る観察の中か

ら、問題場面を構成している要素間の考察から関係を洞察し、そこから問題解決に至る学習がおこなわれると考えた。また、同じくレビン（Lewin, K.）も、学習を認知構造の変化としてとらえ、行動は人格と行動の相互作用であると説いた。

さらに考えてみよう！

「早くしなさい！」「もっと力をつけなさい！」。そこには「早く育ちなさい。今のあなたではダメ」という暗黙のメッセージがないであろうか。教育をすることは「よいこと」であると無批判に受け入れていないか。教育が人間によって担われるものである以上、そこには一定の限界や問題があると考えたほうが自然であろう。教育の限界について考えてみたい。

1．教育の限界

　教育に投入できる資源について考えてみよう。たとえば、人はどうか。学校には、教員、事務職員、管理作業員、給食調理員、登下校の見守りや絵本の読み聞かせなどのボランティア・スタッフなど多くの人がいる。なかでも教員（本務者）数は、2018（平成30）年度、幼稚園95,592人・幼保連携型認定こども園92,883人、小学校420,659人、中学校247,229人となっている。ここに非正規教員（常勤講師および非常勤講師）を加えた人たちで日々の教育活動が営まれている。昨今では都市、地方を問わず、始業日時点において教員が不足している自治体がある[2]。当然のことながら、教育に投入できる人的資源には限界がある。また物的資源の中で財源についてはどうであろうか。学校を運営していくには当然お金がかかる。施設維持費をはじめとして、教職員の給与や教材費、制服や修学旅行などの保護者負担費用などである。財源の限界もあ

ることがわかる。
　教育の限界の一例として、教育に投入できる資源の限界を指摘した。教育の可能性をどこまでも信じれば、「この指摘は、資源の限界であって教育の限界ではない。豊富な人的資源と財源を投入すれば、限界を補うことができる」と考えることもできる。しかし教育現実に対するアクチュアルな認識に立つならば、生身の人間と人間とのかかわりでもある教育はどれほど「子どものため」を思い、子どもにかかわったとしても、その子どもにとって常によい結果をもたらすとは限らない。たとえば、「子どものため」として子どもにしてあげたことが、その子どもの試行錯誤や失敗の機会を奪うこともある。
　そうであるならば、資源の限界を前提にし、不足することやできないことを他のだれが、どこが担うのかを問うこと、教育の限界を自覚し、みずからの子どもとのかかわりを一人で抱えこまぬこと、またそのかかわりを周囲の人びととわかちあうこと。これらのことこそが、これからの「地域とともにある学校」や「チームとしての学校」における人びとの共同あるいは協働のあり方を問う出発点になる。

2．教育の抑圧性

　教育は必ず管理や強制などの抑圧を内在している。管理や強制をしない教育はない。たとえば、授業をするには一定のルールを敷く。目をみて話を聞く、発言は挙手し、あてられてはじめておこなう。そもそも何曜日の何時間目にどのような活動をするのかということは学校によって決められていて、子どもはそれに合わせた行動をとらなければならない。みえにくいだけで、学校や教育は、その対象者を管理し、強制をおこなう。
　また、教育の抑圧性は、従順な子どもを求める。それがみえにくいとなれば、なおさら厄介である。たとえば、イリイチ（1977）が提唱した

脱学校論を参照してみよう。彼は、「『学校化』（schooled）されると、生徒は教授されることと学習することとを混同するようになり、同じように、進級することはそれだけ教育を受けたこと、免状をもらえばそれだけ能力があること、よどみなく話せば何か新しいことを言う能力があることだと取り違えるようになる。彼の想像力も『学校化』されて、価値の代わりに制度によるサービスを受け入れるようになる」（p.13）と言った。

　わたしたちは学ぶことを、教えてもらうことや学校に行くことに、無自覚のうちに置き換えていないであろうか。わたしたちの社会では、教育制度や教育産業への疑いなき依存が増している。最近では、教育産業が生み出したスマートフォンやタブレットなどのアプリが受験の必須アイテムとなっている。そのような状況は、わたしたちの学ぶことへの自発性や創意性の喪失をより一層加速させていないか。教育すればするほど、従順な子どもを育てることになるならば、管理や強制などの教育の抑圧性に敏感に反応し、学びにとどまらず、育ちそのものを子どもの側から構築していくことをめざしていかなければならない。

《注記》
（1）ヘルバルトの教授理論は5段階教授説として知られる。ヘルバルト自身は、「明瞭」「連合」「系統」「方法」の4段階を提唱した。その後、弟子のラインらが整理しなおし、「明瞭」を「予備」・「提示」、「連合」を「比較」、「系統」を「総括」、「方法」を「応用」と細分化した。一般に、ラインらの「予備」「提示」「比較」「総括」「応用」の5段階が、その後の日本の教授学・学習課程に大きな影響を与えた。
（2）文部科学省初等中等教育局の2018（平成30）年8月2日「いわゆる『教員不足』について」によれば、11の自治体（北海道や千葉などの8つの道県と、大阪市や福岡市などの3つの指定都市）を対象に、2017年度始業日時点における「教員の不足数」として、小学校で常勤266人・非常勤50人、中学校で常勤101人・非常勤153人（中学校は10自治体対象）となっている。

《引用・参考文献》
安藤寿康（2012）『遺伝子の不都合な真実――すべての能力は遺伝である』筑摩書

房
イリッチ（1977）『脱学校の社会』東京創元社
桜井智恵子・広瀬義徳編（2013）『揺らぐ主体／問われる社会』インパクト出版会
田中耕治ほか（2012）『新しい時代の教育方法』有斐閣
広田照幸（2003）『教育には何ができないか──教育神話の解体と再生の試み』春秋社
細谷俊夫ほか編（1978）『教育学大事典』全6巻　第一法規出版

第2章 教職の意義および教員の役割・職務内容

> **考えてみよう！**
>
> 　子どもにとって、あるいは家族や地域社会の人たちにとって、好ましい先生とはどのような先生だと思いますか？　これまでにあなたが過ごしてきた学校園における学習経験や生活経験を振り返って考えてみましょう。

この章の前半で学びたいこと
① 現代社会における教職の社会的意義、また、今日の教員に求められている役割や資質能力、職務内容を理解する。
② 教育をめぐる諸問題の解決に向けて、学校が内外の専門家と連携・分担して対応する必要性を理解する。

1．教職の意義および教員の役割

(1) 公教育とは

　公教育とは、一般に、公的目標を実現するため、国、地方公共団体、あるいは学校法人によって管理・運営される教育のことである。では公の性質とはなにをさすのであろうか。教育基本法第6条1項では、「法律に定める学校は、公の性質を有するものであって、国、地方公共団体及び法律に定める法人のみが、これを設置することができる」と規定されている。したがって公教育は、国が設置する国立学校と地方公共団体が設置する公立学校だけでなく、私立学校法に基づいて法人が設置する私立学校でおこなわれている教育も含まれることになる。その教育目的

は、「人格の完成を目指し、平和で民主的な国家及び社会の形成者として必要な資質を備えた心身ともに健康な国民の育成」(教育基本法第1条)である。

　日本国憲法は、「すべて国民は、法律の定めるところにより、その能力に応じて、ひとしく教育を受ける権利を有する」(第26条1項)と規定しており、それを実質化するのが公教育である。その組織原理は、義務性・無償性・中立性という3つの原理に貫かれている。

　義務性の原理とは、すべての国民が一定の期間、教育を受けることを保障するため、国や地方公共団体、保護者に教育を受けさせる義務を課していることである。たとえば、地方公共団体の学校設置義務(学校教育法第29条・第40条)や、保護者の子女を就学させる義務(日本国憲法第26条2項、学校教育法第16条)、あるいは、市町村の就学援助義務(学校教育法第25条・第40条)があげられる。

　無償性の原理とは、教育を受ける権利をめぐる経済的格差の影響を最小限にとどめようとすることであり、具体的には、教育を受ける際にかかる費用を公的機関が公費によって賄うことである。日本国憲法第26条2項で、「義務教育は、これを無償とする」と規定されており、国公立義務教育諸学校の授業料は徴収されておらず(教育基本法第5条4項)、教科書も無償となっている(義務教育諸学校の教育図書の無償に関する法律)[1]。

　中立性の原理とは、政治や宗教によって支配されず、教育における自律性の確保をめざすということである。たとえばそれは、政治的中立性(教育基本法第14条2項)や宗教的中立性(教育基本法第15条2項)にみてとることができる。さらに教育行政の中立性についても、「教育は、不当な支配に服することなく、この法律及び他の法律の定めるところにより行われるべきもの」(教育基本法第16条1項)であると規定されている。なお、私立学校では宗教教育の自由が認められており、宗教の時間を道徳に代えることが可能である。

（2）教職観の変遷

　教職観とは、「教師という職業（教職）のあり方、内容に関する見方や考え方」（青木ほか 1988）のことである。以下では、戦前の聖職者像、戦後の労働者像と専門職像について述べる。

　戦前の聖職者像は、初代文部大臣である森有礼の強い影響を受けて成立した。天皇制国家体制のもと、国家の意志を忠実に反映させた教育実践が期待されており、人格をとおして次代の国民を育成するという点で「聖職」と表現された。労働者像は、戦後の民主化という時代背景のもと、聖職者像を批判する中で成立した。その中心的な役割を果たしたのが日本教職員組合（1947〈昭和 22〉年結成）であり、「教師の倫理綱領」（1951〈昭和 26〉年）には「教師は労働者である」「教師は生活権を守る」と記されている。

　その後、労働者の側面のみを強調することに疑問が出されるようになり、1970 年代には専門職像が広まった。その契機となったのが、ユネスコ（国連教育科学文化機関）と ILO（国際労働機関）から共同提案された「教員の地位に関する勧告」（1966〈昭和 41〉年）である。そこには「教職は、専門職と認められるものとする。教職は、きびしい不断の研究により得られ、かつ、維持される専門的な知識及び技能を教員に要求する公共の役務の一形態」であると記されている。

（3）教員に求められる資質能力

　近年では、2006（平成 18）年の中央教育審議会「今後の教員養成・免許制度の在り方について（答申）」を契機にして、教職を高度専門職としてとらえようとする議論が盛んになってきた。高度専門職を担う教員は、「教科や教職に関する高度な専門的知識」「新たな学びを展開できる実践的指導力」「教科指導、生徒指導、学級経営等を的確に実践できる力」という知識・技能を身につける必要がある。

　そして現在、「これからの時代の教員に求められる資質能力」として、

次の3点があげられる。2015（平成27）年の中央教育審議会「これからの学校教育を担う教員の資質能力の向上について ～学び合い、高め合う教員育成コミュニティの構築に向けて～（答申）」から引用する。

○これまで教員として不易とされてきた資質能力に加え、自律的に学ぶ姿勢を持ち、時代の変化や自らのキャリアステージに応じて求められる資質能力を生涯にわたって高めていくことのできる力や、情報を適切に収集し、選択し、活用する能力や知識を有機的に結びつけ構造化する力
○アクティブ・ラーニングの視点からの授業改善、道徳教育の充実、小学校における外国語教育の早期化・教科化、ICTの活用、発達障害を含む特別な支援を必要とする児童生徒等への対応などの新たな課題に対応できる力量
○「チーム学校」の考えの下、多様な専門性を持つ人材と効果的に連携・分担し、組織的・協働的に諸課題の解決に取り組む力

2．教員の職務内容

(1) 教員の職務

　教員の職務は、授業や学級経営、生徒指導など教育活動に関するものが中心となるが、それにとどまるものではない。校長は、教員に対して、必要があれば教育活動以外のものであっても、職務命令によって公務[2]としてさまざまな仕事をさせることができる。その根拠となるのが「法令等及び上司の職務上の命令に従う義務」を記した地方公務員法第32条である。したがって教員の職務には、文書作成処理や人事管理事務、会計事務、時間外勤務としての非常災害時における業務なども含まれる。つまり、教育活動に直接かかわらないものも教員の職務に含まれるということである。

（2）教員の服務

　服務とは、公務員がその勤務に服するにあたっての義務のことであり、公立学校教員であれば、「職務上の義務」（勤務時に職務を遂行するにあたって従わなくてはならない義務）と、「身分上の義務」（勤務を離れても従わなければならない義務）に分かれる。教員の服務義務と根拠法令は表2－1のとおりである。

　職務に関連して、近年、教員の働き方に関する議論が活発化してきた。その議論において、1971（昭和46）年に制定された「給特法」（「公立の義務教育諸学校等の教育職員の給与等に関する特別措置法」）が話題にのぼることがある。給特法とは、教員の勤務態様の特殊性をふまえて、公立学校の教員には時間外勤務手当や休日勤務手当を支給しない代わりに、給料月額の4％に相当する教職調整額を支給することを定めた法律である。現在、この法律は教員の長時間労働を助長していると批判されている。2016（平成28）年度の教員勤務実態調査によれば、10年前の調査と比較して、小・中学校教員の勤務時間が増加していることは事実である。そこで2019（平成31）年の中央教育審議会「新しい時代の教育に向けた持続可能な学校指導・運営体制の構築のための学校における

表2－1　教員の服務義務と根拠法令

種類	内容	根拠法令
根本基準	服務の根本基準	日本国憲法第15条2項・地方公務員法第30条
職務上の義務	服務の宣誓	地方公務員法第31条
	法令等及び上司の職務上の命令に従う義務	地方公務員法第32条・地方教育行政の組織及び運営に関する法律第43条
	職務に専念する義務	地方公務員法第35条
身分上の義務	信用失墜行為の禁止	地方公務員法第33条
	秘密を守る義務	地方公務員法第34条
	政治行為の制限	地方公務員法第36条・教育公務員特例法第18条
	争議行為の禁止	地方公務員法第37条
	営利企業への従事制限	地方公務員法第38条・教育公務員特例法第17条

働き方改革に関する総合的な方策について（答申）」では、「勤務時間管理の徹底と勤務時間・健康管理を意識した働き方の促進」として、「教職員の勤務時間等に関する制度の現状」をふまえ、「勤務時間管理の徹底と勤務時間の上限に関するガイドライン」「適正な勤務時間の設定」「労働安全衛生管理の必要性」「教職員一人一人の働き方に関する意識改革」について議論されている。

（3）教員の研修

　高度専門職としての教員は、その職責を遂行するため、生涯にわたって研修（研究と修養）に努めなければならない。本来、研修は教員がみずから自主的にとりくむべきものである。勤務との関連で言うと、研修は「自主研修」「職務専念義務免除研修」「職務研修」に分かれる。自主研修とは、勤務時間外に自主的におこなう研修のことである。職務専念義務免除研修とは、職務に直接・間接に役立つものであると校長が判断し、職務専念義務を免除されておこなわれる研修（職専免研修）のことである。職務研修とは、職務そのものとしておこなわれる研修で、初任者研修、10年経験者研修、免許状更新講習、指導改善研修などがある[3]。

3．チーム学校運営への対応

　チーム学校が求められる背景やその必要性、またそのあり方について、2015（平成27）年の「チームとしての学校の在り方と今後の改善方策について（答申）」（中央教育審議会）に沿って説明する。

（1）チーム学校の背景とその必要性

　チーム学校が求められる背景として次の3点をあげることができる。1点は、学習指導要領の理念を実現することである。学習指導要領[4]

では、学校と社会の連携・協働による「社会に開かれた教育課程」、「主体的・対話的で深い学び」（アクティブ・ラーニング）をとおした授業改善、「カリキュラム・マネジメント」による組織運営の改善が重視されている。2点は、学校が抱える課題が拡大し、しかもその中身は多様化・複雑化・深刻化していることである。いじめや不登校などの生徒指導上の課題、特別支援教育の充実、貧困問題への対応などが求められている。3点は、子どもと向きあう時間を確保することである。文部科学省やOECD（経済協力開発機構）の調査によると、日本の教員は、授業以外に生徒指導や部活動の指導といった業務をおこなっているため、欧米の教員に比べて、業務内容は多岐にわたり勤務時間も長くなっている。

　上記のような背景から、学校のマネジメントを強化し、組織として教育活動にとりくむ体制を構築する必要性が生じたのである。

（2）チーム学校体制の構築

　チーム学校体制を実現する視点は、「専門性に基づくチーム体制の構築」「学校マネジメント機能の強化」「教員一人一人が力を発揮できる環境の整備」という3点である。専門性に基づくチーム体制の構築とは、諸課題への対応として、教員だけでなく、スクールカウンセラーやスクールソーシャルワーカー、ICT支援員[5]、学校司書、外国語指導助手、部活動指導員、特別支援教育支援員などの専門スタッフが参画する学校体制を構築することである。

　学校マネジメント機能の強化とは、校長のリーダーシップのもと、専門性に基づくチーム体制を組織して学校の教育力を向上させるため、副校長や教頭の配置といった管理職の適材確保、主幹教諭制度の充実や事務体制の整備などをとおして、学校マネジメントの機能を強化することである[6]。

　教員一人ひとりが力を発揮できる環境の整備とは、教職員の成長を促すための人事評価[7]や表彰制度の活用、教育委員会による業務改善へ

の支援[8]や教職員のメンタルヘルス対策の推進、小規模市町村における指導主事配置の充実、保護者や地域からの要望などに対応するための警察や弁護士などとの連携のことである。

なお、学校運営改善に関する具体的なとりくみについては、文部科学省「学校運営改善に関する調査研究事業等」[9]を参照されたい。

さらに考えてみよう！

教員と子どもは、「教える―教えられる」という関係であると理解されることが多い。しかし、生身の人間と人間がかかわりあっているのだから、そのような関係だけでは語りきれない場面に遭遇することがある。そこではどのような関係が生じているのであろうか。

1. 学校教育関係の3つのモデル

西本（1999）は、学校教育関係を、「教育という専門化されたサービスを受ける者とそれを授ける専門家」という「専門関係」、「施設内に収容される者とそれを管理・統制する者」という「管理関係」、「未成年者と、それを親密圏に置き、保護と道徳的社会化とを行なう者」という「共同関係」によって成り立つ「複合的モデル」として整理し、そのうえで「専門関係は管理関係の分業化したもの」と位置づけている。

教員と子どもの「教える―教えられる」という関係を複合的モデルでとらえると、それは管理関係、あるいはそこから分業化した専門関係に焦点が当てられたものであると言える。それでは教員と子どもの、共同関係としての学校教育関係はどのようなものなのであろうか。

次の事例は、「中学校教師が語る　私がやりがいを感じた瞬間」[10]から一部を引用したものである。

【事　例】
　二十数年前、学校に不信感を持ち、常に反抗的な問題行動をとる男子生徒の担任が続きました。毎日がむなしく本当に心も体も疲れきっていました。何とか卒業させた数年後、成人したその生徒から「先生一杯やりましょう！」と誘われ、楽しい時間を過ごしました。

　この事例の卒業生は、在学中、「学校に不信感を持ち、常に反抗的な問題行動」をとっていた。したがって教員との間に、学校教育で期待されているような管理関係や専門関係、共同関係は、十分に機能していなかったのであろう。その後、彼の卒業を期にこのような関係は白紙に戻された。それにもかかわらず数年後、すでに成人となった卒業生と教員は、在学中とは異なる親密さで、かつての「保護と道徳的社会化とを行なう者」と一緒に酒を呑んだのである。おそらくそこでは、在学中には十分に機能し得なかった共同関係が、その質を変化させながら更新されたと考えられる。

　しかし、このことを卒業生の主観的事実を重視する観点から読み解くと、別の解釈も可能となる。たとえば２人が酒を呑む以前、卒業生が「先生一杯やりましょう！」と誘った時、あるいはそれ以前にこの教員を思い出した時、すでに共同関係が上記のように更新されていたとも言える。なぜならそれぞれの時点で、卒業生は、この教員を在学中とは違う位置づけをして、自分とこの教員の関係をめぐる物語を書き換えていたに違いないからである。

２．共同関係における保護からの別れ

　「〈子別れ〉としての子育て」という子育て観を提唱している根ケ山(2006)は、子育てという営みを「保護からの別れ」ととらえている。たとえば、出産は体内での保護からの別れであり、離乳も母乳という保

護からの別れである。また歩き出すのも抱きという保護からの別れである。

　そうであるならば、「保護と道徳的社会化」を介する共同関係を含む学校教育にも保護からの別れが組みこまれていると言える。学校からの卒業は、保護されていた子どもが教員のもとから別れることである。また卒業するまでのプロセスにおいて、子どもは日々、成長しつづけているのだから、教員の保護から別れつづけていることになる。たとえば子どもが困難な状況に直面した時、それまでなら教員が積極的にかかわる場面が多かったにもかかわらず、子どもの成長とともに子ども同士で知恵を出しあい、自分たちだけで乗り越えるようになると教員からのかかわりは少なくなる。

　このようにみてくると、教員と子どもの共同関係は、静的なものではなく動的なものであることがわかる。つまり共同関係は、卒業というような大きな区切りだけでなく、日常的な教育活動の中で変化しつづけているのである。そうであるならば、事例の卒業生と教員の共同関係をめぐる物語は、卒業後、継続的、あるいは断続的に更新されつづけてきたのであろう。さらに言えば、物語の更新は、本人が自覚しているかどうかは別にして、すでに彼の在学中からおこなわれていたと考えることもできる。

　以上、教員と子どもの共同関係を中心にして検討してきた。事例は、「楽しい時間を過ごしました」という一文で終わっている。2人はこの時、どのような話をしたのであろうか。たとえば教員が現在、抱えている指導の困難さを語り、卒業生がうなずきながら受け止めてくれることをとおして、状況の整理ができたかもしれない。

　仮にこのような会話が展開されたのであれば、それは教員にとって、卒業生が対等な相談相手になった場面であるに違いない。ことによると卒業生が、教員に対して「保護と道徳的社会化」をおこなったという解釈も可能である。そうであるとすれば2人は、複合的モデルではとらえ

きれない、新たな関係性のステージに入ったと言えるかもしれない。

《注記》
（1）ただし、義務教育の無償は授業料と教科書に限定されており、修学旅行の費用や制服の費用、給食の費用などは含まれていない。
（2）学校がその目的である教育事業を遂行するため必要とされるすべての仕事のこと。
（3）教員研修の実施体系については下記を参照されたい。
　　文部科学省：http://www.mext.go.jp/a_menu/shotou/kenshu/1244827.htm（2019年2月15日）
（4）学習指導要領の告示や実施の時期については第6章を参照されたい。
（5）学校におけるICT活用をサポートすることにより、ICTを活用した授業等を教員がスムーズにおこなうための支援をおこなう。
（6）なおその他の学校構成員には、指導教諭、主任、養護教諭、栄養教諭、事務職員、司書教諭・学校司書などがある。
（7）2014（平成26）年の「地方公務員法及び地方独立行政法人法の一部を改正する法律の公布について（通知）」（総務大臣）により、2016（平成28）年度から新しい人事評価制度が始まった。しかし、教員評価制度については以前からさまざまな問題点が指摘されてきた。清原（2004）などを参照。
（8）2018（平成30）年2月の「学校における働き方改革に関する緊急対策の策定並びに学校における業務改善及び勤務時間管理等の取組の徹底について（通知）」（文部科学省）。
（9）文部科学省：http://www.mext.go.jp/a_menu/shotou/uneishien/detail/1407468.htm（2019年2月15日）
（10）ベネッセ：https://berd.benesse.jp/berd/center/open/chu/view21/2009/01/c01toku_50.html（2019年2月15日）

《引用・参考文献》
青木一ほか編（1988）『現代教育学事典』労働旬報社
清原正義（2004）「教員評価制度導入をめぐる問題」 日本教育政策学会『日本の学校と教育政策』pp.35-42
西本肇（1999）『学校という〈制度〉——その危機と逆転の構図』窓社
根ケ山光一（2006）『〈子別れ〉としての子育て』日本放送出版協会

第3章 教育制度・教育行政

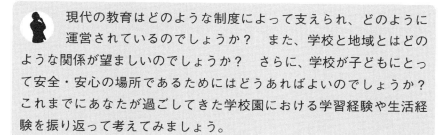

考えてみよう！

現代の教育はどのような制度によって支えられ、どのように運営されているのでしょうか？ また、学校と地域とはどのような関係が望ましいのでしょうか？ さらに、学校が子どもにとって安全・安心の場所であるためにはどうあればよいのでしょうか？ これまでにあなたが過ごしてきた学校園における学習経験や生活経験を振り返って考えてみましょう。

この章の前半で学びたいこと
① 現代公教育制度の意義・原理・構造について、その法的・制度的しくみに関する基礎的知識を身につけるとともに、そこに内在する課題を理解する。
② 学校と地域との連携の意義や地域との協働の仕方について、とりくみ事例をふまえて理解する。
③ 学校の管理下で起こる事件、事故および災害の実情を踏まえて、学校保健安全法に基づく、危機管理を含む学校安全の目的と具体的なとりくみを理解する。

1．教育に関する制度的事項

(1) 教育の制度化と公教育の原理・理念

　人間が社会の文化を獲得する方法としては、はじめは個人間や部族に伝承される習俗や慣行を習得し、一人前の「大人」として認知される

表3−1　コンドルセの公教育案の特徴

①	個人の利益、社会共同の利益、全人類の利益の見地から、公権力は公教育の組織整備を国民に対して当然の義務としてもつこと。
②	公営学校体系、無償制、育英奨学、均等な学校配置、社会教育施設の設置による生涯教育など、徹底的に機会均等の原則を重視すること。
③	宗教を公教育から除外し、真理知識のみを教授する知育主義の教育をおこなうこと。
④	公権力からの公教育の独立性を人権の一部として規定したこと。
⑤	就学の決定は親の自由裁量とされ、「学ぶ自由」を主張したこと。
⑥	真理の教授や私的教育機関の設立などの「教える自由」の原則を主張したこと。

「イニシエーション」などの集約的な教育過程のかたちがある。これらが社会規範を生み、設備や施設が整備され、制度化されていくことで、学校を代表とする施設群をともなう巨大な制度となる。今日では、教育と言えば通常、学校という施設群をともなった巨大な制度をさし、それとの関係で家族や地域内の非制度的な教育の方法も位置づけられている。

　公教育とは、一般に、公的目標を実現するため、国、地方公共団体、あるいは学校法人によって管理・運営される教育のことである。それは国民的な合意によって成立し、国民全体に開放され、国民の平等と福祉の実現をめざしている。そのため、国民教育とも言われる。また、公的な目的を実現し、公的な管理・関与を受けている学校法人による教育も公教育であると理解されている。なお、公教育の義務性・無償性・中立性という3つの原理は第2章に掲げた。

　このような公教育観は、市民革命の思想的結晶[1]である。その基本的な考え方としてコンドルセの公教育案の特徴[2]を表3−1に示す。近代公教育の基本的な確認事項と言える。

（2）公教育制度を構成する教育関係法規

　公教育の教育目的が法や制度の中でどのように規定されているのかを参照しながら、現代日本の教育関係法規をみていく。教育関係法規の順位を上位から並べると、日本国憲法、児童の権利に関する条約などの条

約、教育基本法や学校教育法などの諸法律（命令、規則を含む）となる[3]。諸法律の中では教育基本法、学校教育法、学校教育法施行令、学校教育法施行規則などの順となる。

　まず、日本国憲法第19条および第23条は、国民の「思想及び良心の自由」「学問の自由」を保障する。第26条においては、国民の「教育を受ける権利」と国民の「その保護する子女」への「普通教育を受けさせる義務（教育義務）」が規定される。

　次に、児童の権利に関する条約では、18歳未満のすべての者を「児童」とし、子どもにおとなと同じ市民的自由権を認め、「児童の最善の利益」（第3条）を掲げ、「意見表明権」（第12条）ほか思想・信条や表現の自由、プライバシーの保護、障害のある子どもの自立など幅広い権利を保障する。そのうえで、第28条「教育についての権利」では「締約国は、教育についての児童の権利を認めるものとし、この権利を漸進的にかつ機会の平等を基礎として達成するため」に、1項では「(a) 初等教育を義務的なものとし、すべての者に対して無償のものとする」など5つの項目が掲げられ、2項では「締約国は、学校の規律が児童の人間の尊厳に適合する方法で及びこの条約に従って運用されることを確保するためのすべての適当な措置をとる」こと、3項では「全世界における無知及び非識字の廃絶に寄与」することなどが明記されている。

　次に、教育基本法では前文で「個人の尊厳を重んじ、真理と正義を希求し、公共の精神を尊び、豊かな人間性と創造性を備えた人間の育成を期する」と一般的な教育目的が示され、さらに「伝統を継承し、新しい文化の創造を目指す教育」の推進を強調する。第1条（教育の目的）では「人格の完成」および「心身ともに健康な国民の育成」を教育目的として明示する。また第2条には上記目的を実現するために、教育は学問の自由を尊重しつつ、「1　幅広い知識と教養を身に付け、真理を求める態度を養い、豊かな情操と道徳心を培うとともに、健やかな身体を養うこと」などの5つの目標を達成するようおこなわれるものとする。

国内法では教育基本法を教育に関する根本法として、たとえば、学校教育法第29条（小学校教育の目的）は「小学校は、心身の発達に応じて、義務教育として行なわれる普通教育のうち基礎的なものを施すことを目的とする」とある。社会教育法、図書館法、博物館法などの教育関連法でも、それぞれ「教育基本法の精神に則り」などのかたちで各法の目的が明示される。

　その他の教育関係法規として、教育職員関係では、公立学校教員は地方公務員法および教育公務員特例法の適用を受ける。また教員養成については教育職員免許法によって、大学で所定の単位を取得し、教職に就くことを希望するすべての大学卒業生に門戸を開放している。社会教育法は、国および地方公共団体の社会教育の積極的な振興、非営利で、政治的・宗教的活動を排した公民館活動の推進の責務、社会教育団体への統制的支配や事業への干渉の禁止などを規定する。私立学校法では、私立学校の自主性の保証と公共性の確保という原則によって、その健全な発展が期されることが規定されている。

（3）教育制度を支える教育行政の理念としくみ

　教育行政の理念としては、教育基本法第16条に「教育は、不当な支配に服することなく、この法律及び他の法律の定めるところにより行われるべきものであり、教育行政は、国と地方公共団体との適切な役割分担及び相互の協力の下、公正かつ適正に行われなければならない」と掲げられている。2項以下には、国による「教育に関する施策」の総合的な策定および実施、地方公共団体による「その実情に応じた教育に関する施策」の策定および実施、さらに国と地方公共団体が上記施策の実施のための「必要な財政上の措置」を講じることが記されている。

　教育行政のしくみとしては、文部科学省をはじめ、都道府県教育委員会、市区町村教育委員会、各学校という行政組織を編成している。まず中央教育行政を司る文部科学省は文部科学省設置法により、その目的、

任務、所轄事務が規定される。文部科学大臣の諮問に応じて教育の振興などの重要事項を調査審議する機関として、中央教育審議会（中教審）がある。また、地方教育行政については、教育委員会法が公布され、これを地方の固有事務と位置づけている。

　なお、これら中央、地方教育行政の変遷を簡潔にまとめると以下のとおりである。戦前期の中央集権的で強権的な教育行政への反省から、戦後は文部省[(4)]の機能と権限は大幅に縮小された。行政の性格もいわゆる「監督・命令行政」から「指導・助言行政」へと変わる。地方教育行政においても、教育委員会は当初、公選制の行政委員会とされ、教育行政と一般行政の相対的な独立が確保された。教育委員会には教育関係予算原案作成権や条例原案作成権などの権限が与えられた。しかし、1956（昭和31）年の「地方教育行政の組織及び運営に関する法律」（以下「地方教育行政法」）の改正により、公選制から任命制の教育委員会となり、その性格に変化がもたらされた。

　その後、1970年代から1980年代にかけて教育委員会の形骸化が指摘され、1990年代後半以降、合議制の教育委員会制度の廃止とその活性化という主張が併存する。1999（平成11）年「地方分権の推進を図るための関係法律の整備等に関する法律」によって、地方教育行政も地方分権改革の方針に沿って大幅に改正される。その内容とは、教育長任命承認制の廃止、文部大臣および都道府県教育委員会の措置要求権の廃止、都道府県教育委員会の市町村教育委員会に対する基準設定権の廃止などである。

　さらに、2000年代の地方分権化や規制緩和の諸改革の進展とともに、より一層の教育委員会制度の地方分権化の改革が進められ、2015（平成27）年の地方教育行政法の改正では、教育委員長と教育長の一本化などによる地方教育行政の責任の明確化、首長による総合教育会議の設置や議会の同意を得たうえでの教育長の任免等による首長権限の強化などさらなる大幅な変更がおこなわれた。

2．学校と地域との連携

(1) 学校と地域の関係史

　学校と地域との関係は、1996（平成8）年「21世紀を展望した我が国の教育の在り方」において「開かれた学校」が掲げられるまで、フォーマルにはなかったと言える。事実上、学校通信・学級だよりなどの通信類、学校・学級懇談会、PTA、あるいはその時々の説明会などをとおして関係が保たれていたにすぎない。戦後設置されたPTAも、保護者と教職員のボランティア活動によって担われてきたが、任意団体であり、学校の意思形成に関与するものではなかった。

　また、学校の経営は教育委員会の「指導・助言」のもとでおこなわれていたため、地域や保護者には協力を期待するが、その関与を求めようとする姿勢ではなかった。このような長年の慣行は、施設の利用や人的な交流、地域社会の子育て機能の協力が必要となってきた時代の趨勢の中で、さまざまに問題とされた。1990年代に入って「開かれた学校経営」が主張され、1998（平成10）年9月の中教審答申は「地域住民の学校運営への参画」を1つの柱に、学校外の有識者の参加を得て、学校運営の方針を決定したり、助言を得たりする組織である学校評議員の設置を提案した。2000（平成12）年1月、学校教育法施行規則23条[5]の3では「学校評議員は、校長の求めに応じ、学校運営に関し意見を述べることができる」と規定され、学校評議員制度が動き出した。

　2004（平成16）年には、地方教育行政法によって学校運営協議会制度が発足した。学校運営協議会は「地域住民や保護者等が学校の運営に積極的に参画することによって、自分たちの力で学校をより良いものにしていこうとする意識の高まりを学校が的確に受け止め、学校と地域住民や保護者等が力を合わせて学校の運営に取り組むことが可能となる仕組みとしての意義」をもつ。

　その後、2006（平成18）年「改正」の教育基本法では、「第13条　学

校、家庭及び地域住民その他の関係者は、教育におけるそれぞれの役割と責任を自覚するとともに、相互の連携及び協力に努めるものとする」と新設規定された。これにともない、2007（平成19）年には、学校教育法第43条にて学校は保護者・地域住民に対して学校運営の情報を積極的に提供すること、また地方教育行政法第4条4項にて教育委員の任命にあたって保護者を含め専任すること、がそれぞれ義務づけられた。

（2）コミュニティ・スクール

　学校運営協議会は「学校と地域住民等が力を合わせて学校の運営に取り組むことが可能となる『地域とともにある学校』への転換を図るための有効な仕組み」である「コミュニティ・スクール」（以下「CS」）として推進されている(6)。先の学校運営協議会の意義とともに、CSは、「一億総活躍社会の実現と地方創生の推進には、学校と地域が相互にかかわり合い、学校を核として地域社会が活性化していくことが必要不可欠であるとの考え」（2016〈平成28〉年1月25日文部科学大臣決定「次世代の学校・地域」創生プラン）に基づき、推進されている。

　そのため、学校に係る観点からは、「『社会に開かれた教育課程』の実現や学校の指導体制の質・量両面での充実、『地域とともにある学校』への転換という方向」を、地域に係る観点からは「時代の郷土をつくる人材の育成、学校を核としたまちづくり、地域で家庭を支援し子育てできる環境づくり、学び合いを通じた社会的包摂という方向」をめざしてとりくまれることになっている。それによって「地域の人々と目標やビジョンを共有し、地域と一体となって子供たちを育む『地域とともにある学校』への転換を図るため、全ての公立学校をコミュニティ・スクールとなることを目指して取組を一層推進・加速し、学校と地域との組織的・継続的な連携・協働体制を確立する」ことが明示されている。

　CSにおける学校運営協議会の具体的な役割は、①校長が作成する学校運営の基本方針を承認する、②学校運営に関する意見を教育委員会又

は校長に述べることができる、③教職員の任用に関して、教育委員会規則に定める事項について、教育委員会に意見を述べることができる、の3つとなっている。

　2008（平成20）年から2016（平成28）年にかけては、2006（平成18）年の教育基本法「改正」を受けて、「学校、家庭及び地域住民等の相互の連携協力」のもと、その具体化する方策の柱として「学校・家庭・地域が一体となって地域ぐるみで子供を育てる体制」を整えることを目的とした学校支援地域本部の設置が推奨された。この制度は、学校教育の充実、生涯学習社会の実現、地域の教育力の向上をねらいとしたものであった。

　また2015（平成27）年12月の中教審答申や翌年1月の「次世代の学校・地域」創生プランをふまえ、2017（平成29）年3月には社会教育法が改正され、教育委員会が地域全体で子どもたちの成長を支え、地域を創生する「地域学校協働活動」の機会を提供すること、そのために地域住民等と学校の連携協力体制を整備すること、さらに地域住民等と学校の情報共有や助言等をおこなう「地域学校協働活動推進員」（地域・統括コーディネーター）の委嘱に関する規定が整備された。

　地域学校協働活動は、学校支援地域本部などの従来の地域の学校支援のとりくみにみられたような地域による学校の「支援」ではなく、地域と学校のパートナーシップに基づく双方向の「連携・協働」を推進し、「個別」の活動から「総合化・ネットワーク化」へと発展させていくことをめざしている。その際、事業の必須3要素として、①コーディネート機能、②多様な活動（より多くの地域住民等の参画による多様な地域学校協働活動の実施）、③継続的な活動（地域学校協働活動の継続的・安定的実施）があげられている。

　なお、2018（平成30）年10月、文部科学省は新時代の教育政策実現に向けた組織再編をおこない、総合教育政策局を設置した。これは生涯学習局・生涯学習政策局によって進められてきたとりくみを大きく前進

させ、「学校教育と社会教育を通じた包括的で一貫した教育政策をより強力かつ効果的に推進し、文部科学省の先頭に立って、誰もが必要なときに必要な教育を受け、また学習を行い、充実した生涯を送ることができる環境の実現」をめざすとしている。CSも初等中等教育局から総合教育政策局へ移転されており、今後、総合教育政策局のもとで地域学校協働活動等とどのような連携・協働事業として展開していくのかが注目されるところである。

3．学校安全への対応

　学校の管理下で発生する事件、事故および災害の実情を、学校安全の3領域である生活安全、交通安全、災害安全の順にみていく。生活安全では、2017（平成29）年の文部科学省『第2次学校安全の推進に関する計画』によると、日常的な学校管理下における事故の状況として、負傷・疾病の発生件数は約108万件であり、減少傾向にある。しかし、発生率は横ばい状況がつづいており、とりわけ体育や運動部活動が活発になる中学校段階がもっとも高い。また2012（平成24）年には、学校給食におけるアナフィラキシーショックの疑いによる子どもの死亡事故も起こり、食物アレルギーへの対応も急がれる[7]。

　交通安全については、2018（平成30）年の交通安全白書「児童・生徒の交通事故防止対策について」（内閣府）によると、児童生徒等の交通事故による死者数は74人（2017〈平成29〉年度　小学生26人、中学生10人、高校生38人）、死傷者数は44,973人（2017〈平成29〉年度　小学生17,129人、中学生9,107人、高校生18,737人）である。2013（平成25）年度から2017（平成29）年度までの交通事故の特徴をみると、歩行中の事故では小学1年生が死者・死傷者数とも最多である[8]。小学生の歩行中事故の死傷者数を時間帯別にみると、7時台および15～17時台が多く、登下校中の事故が35.3％ともっとも多い。

災害安全については、日本では自然災害が多く発生し、地震災害では阪神・淡路大震災（1995〈平成7〉年1月）、東日本大震災（2011〈平成23〉年3月）[9]などが甚大な被害を与えた。風水害の被害も近年はとくに大きい。先の『第2次学校安全の推進に関する計画』では、東日本大震災における約2万人の死者・行方不明者のうち、児童生徒等600人以上、教職員40人以上とし、3,000人超の震災関連死（負傷等の悪化による死亡）を数えたとしている[10]。

　このような実情の中で、2008（平成20）年に学校保健安全法が制定（旧学校保健法の改正　2009〈平成21〉年4月施行）された。その第3条2項では、「国は、各学校における安全に係る取組を総合的かつ効果的に推進するため、学校安全の推進に関する計画の策定その他所要の措置を講ずるものとする」とし、学校安全計画および危険等発生時対処要領（危機管理マニュアル）の策定を各学校に義務づけた。

　2012（平成24）年4月27日閣議決定された「学校安全の推進に関する計画」は、2012〜2016年の5年間で、「各学校における安全に係る取組を総合的かつ効果的に東日本大震災をはじめとする災害の教訓なども踏まえ、生活安全、交通安全、防災教育を含めた災害安全を強化する観点から、国が取り組むべき安全に関する教育の充実や、地域社会、家庭との連携を図った学校安全の推進などの具体的方策」として計画されるものとした。

　この計画では、学校における「安全教育」により「自立」「協働」「創造」からなる「安全文化の構築」を図るとともに、学校内の施設設備等の整備および地域や家庭との連携による「安全管理」（学校安全体制）の確立によって「事件・事故災害による被害減少」をめざす。さらにセーフティプロモーション[11]の考えに基づいた「実証的で科学的な学校安全の取組推進」により、「総合的かつ効果的な学校安全に係る取組」を推進する。学校安全を推進するための方策については、図3－1に示したとおりである。

第3章 教育制度・教育行政

```
┌─────────────────────────────────┬─────────────────────────────────┐
│ 1. 安全に関する教育の充実方策    │ 3. 学校における安全に関する組織的取組の推進 │
│ ○安全教育における主体的に行動する態度 │ ○学校安全計画の策定と内容の充実  │
│  や共助・公助の視点              │ ○学校における人的体制の整備      │
│ ○教育手法の改善                  │ ○学校における安全点検            │
│ ○安全教育に係る時間の確保        │ ○学校安全に関する教職員の研修等の推進 │
│ ○避難訓練の在り方                │ ○危険等発生時対処要領の作成と事件・事故 │
│ ○児童生徒等の状況に応じた安全教育│  災害が生じた場合の対応          │
│ ○情報社会への対応                │                                  │
│ ○原子力災害への対応              │                                  │
├─────────────────────────────────┼─────────────────────────────────┤
│ 2. 学校の施設及び設備の整備充実  │ 4. 地域社会、家庭との連携を図った学校安 │
│ ○学校施設の安全性の確保のための整備 │  全の推進                        │
│ ○学校における非常時の安全に関わる設備の │ ○地域社会との連携推進            │
│  整備充実                        │ ○家庭との連携強化                │
└─────────────────────────────────┴─────────────────────────────────┘
・国内外の取組も含め、学校安全に係る情報収集・提供を強化
・独立行政法人日本スポーツ振興センター等と連携して学校安全に係る調査・分析を強化
```

図3-1 学校安全を推進するための方策
注:「学校安全の推進に関する計画(平成24年4月27日)【概要】」より転載。

　2019(平成31)年4月現在、「第2次学校安全の推進に関する計画」(2017〈平成29〉年3月24日閣議決定)において、2017(平成29)年度から2021(令和3)年度までの5年間の計画が策定・実施されている。第1次の成果としては、防災マニュアルの整備や通学路等の安全点検・見守り活動など「東日本大震災の教訓を踏まえ、児童生徒等が主体的に行動する態度を育成することの重要性が改めて認識され、実践的な安全教育が推進されてきた」点をあげる。しかしながら、「震災の記憶が風化し、学校安全に関する取組の優先順位の低下が危惧されている」こと、「登下校中に交通事故や犯罪に巻き込まれる事案が依然として発生している」こと、「学校安全の取組に関して、地域間や教職員間に差が存在している」ことなどの課題を掲げ、「全ての学校において、質の高い学校安全の取組を推進すること」をさらに求めている。
　なお、各学校における危機管理マニュアル作成の資料を表3-2にまとめた[12]。

表3−2 危機管理マニュアル作成のための主な指針・手引き等

2002（平成14）年12月	学校への不審者侵入時の危機管理マニュアル
2007（平成19）年11月	学校の危機管理マニュアル〜子どもを犯罪から守るために〜
2012（平成24）年3月	学校防災マニュアル（地震・津波災害）作成の手引き
2012（平成24）年4月	学校安全の推進に関する計画
2013（平成25）年6月	いじめ防止対策推進法
2015（平成27）年3月	学校給食における食物アレルギー対応指針
2016（平成28）年3月	学校事故対応に関する指針
2017（平成29）年3月	第2次学校安全の推進に関する計画
2018（平成30）年2月	学校の危機管理マニュアル作成の手引
2018（平成30）年6月	登下校防犯プラン

さらに考えてみよう！

1．多様な育ちの機会

　わたしたちは「教育を受ける権利」をもち、その保護する子どもに「普通教育を受けさせる義務（教育義務）」を負っている。日本では、学校教育法第16条において「普通教育」を9年とし、第17条においてその義務は保護者が子どもを小学校・中学校などに「就学させる義務（就学義務）」としている。就学義務とは学校に在籍させ、通わせることである。子どもは就学年齢になると就学する[13]。それが当たり前であり、就学できない、就学しないことは問題視される。2017（平成29）年度の小・中学校における長期欠席者数は217,040人（小学校72,518人・中学校144,522人）である[14]。このうち、不登校児童生徒数は、144,031人（小学校35,032人・中学校108,999人）となっている。

　さて、普通教育は学校でなければおこなえないのであろうか。普通教育は職業教育・専門教育ではない教育のことを言い、学校教育と同義ではない。たとえば、アメリカでは論争の的になっているとはいえ、全州

でホームスクーリング（ホームエデュケーション）を法的に認めている（吉井 2000）。日本でもかつて小学校令（1900〈明治33〉年　勅令第344号）第36条1項但書において「市町村の認可を受け家庭又は其の他に於て尋常小学校の教科を修めしむることを得」というように、「尋常小学校の教科を修めしむる」ところは学校以外の家庭やその他の場所を法的に認めていた。長期欠席の子どもの数が20万人以上となって久しいなか、学校だけで子どもの教育の権利保障をすることに限界はないのか。

　2016（平成28）年12月、制度上の地位安定を求めるフリースクール関係者および夜間中学関係者の働きかけによって、「教育機会確保法」（正式名称「義務教育の段階における普通教育に相当する教育の機会の確保等に関する法律」）が成立した。子どもの権利条約の「趣旨にのっとる」旨を謳い、「年齢又は国籍その他の置かれている事情にかかわりなく」というように国籍に関係なくすべての子どもの教育機会の確保を明記した。これは、公教育のあり方を根本的に問う画期的なものと言える。

　しかしながら、倉石（2018）によれば、当初「多様な教育機会」とあったにもかかわらず、その政策立案過程で「多様な」子どもが捨象され、「心理的な負担その他の事由」のために就学困難な「不登校児童生徒」のみが焦点化されてしまったという。また学校以外の場は「個々の不登校児童生徒の休養の必要性」に応えるだけの場に矮小化されてしまった。そのため、従来の学校復帰を前提としたものになり、就学義務および学校そのものを問う視点・姿勢が後退、欠落してしまったと言える。

　教育機会確保法をさらに批判的にとらえ、「多様な」子どもに応じた「多様な教育機会」、ひいては「多様な教育機会」を含めた「多様な育ちの機会」を確保していくことが求められている。さらに言えば、教育が公的に保障されることによって子どもの学びや育ちにどのような影響が及ぼされるのであろうか。「公教育は（略）教育を国民の権利として制度的に保障することをとおして教育に対する国家支配を実現していくあ

りかたをその基本構造としている」（岡村 1983　p.9）という指摘もある。公教育のあり方そのものを議論しなければならない。

2．地域と学校の"せつない"関係

　「地域とともにある学校」の歴史を小学校に焦点をあて、少し振り返ってみよう。校舎や運動場、教科書や黒板などの設備や教具のある現在のかたちの学校が日本に登場して 140 年以上たつ。学校が登場した明治初期、建設費等で民衆に大きな経済的負担を課し、徴兵や地租改正などの新政府の他の政策への不満・批判と結びついて、学校が焼き討ちされるという事態が生じた。そうとはいえども、それ以降は（小）学校区が行政区として地域のまとまりを形成してきた歴史をもち、地域と学校が密な関係を築いていった。

　明治後半期には、「父兄会」や同窓会の定着、地域の会合の場、各種の講習会や夜学校、補習学校の附設など非行政的あるいは社会教育の場としても学校が活用されるようになる。講堂や特別室の設置、校舎の新増改築および移築には地域の人たちが経済的にも、実労働によっても支えた。

　学校は地域の行財政上の中心であるだけでなく、地域の生活および文化の拠点でもあり、確かに「地域コミュニティの核」として位置づけられてきた。わたしたちは、学校にいる間、同級生や先生と笑い、怒り、喜び、人それぞれ多種多様な「思い出」をつくり、社会へ巣立っていった。学校は多くの人に郷愁とみずからの原点なるものを与えてくれた。最近でも、総合的な学習の時間などの「ふるさと学習」によって、子どもが地域の伝統を発見（再発見）し、地域文化を継承するとりくみがある。地域おこしや地域再生を試みる地域づくり協議会などでの学校の位置づけも大きな意味をもつ。東日本大震災以降、より一層強調されているように、地域の防災拠点としての学校の役割も増している。

しかし視点を変えると、学校は経済成長・発展の一翼を担ってきた。学校はそれへの投入資源としての人材を養成し、労働力を配分してきた。あるいは、学校は経済成長・発展を下支えする人間観や社会観などの価値を、子ども、ひいては保護者や地域の人たちに与えてきた。学校はその時々に経済成長・発展に沿う「よりよい教育」を提供し、子どもが経済成長・発展というレールに乗り、それによって立身も出世も一定程度実現させた。しかし同時に、そのレールから外れる子、乗れない子も生み出したのであった。

学校で子どもに学力をつけることは、多くの子どもが地域を離れることを選択させた。高度経済成長期には、農山漁村から三大都市（東京・大阪・名古屋）および一地域圏内の都市部への人口流出が本格的に始まった。以降、都市部および農山漁村部における人と人とのつながりの希薄化と孤立化、その代償としての自立と自己責任からなる処世術なるもの、農山漁村の衰退や極度の少子高齢化、ひいては「限界集落」も発生させてきた。それに一役買ったのは学校であった。兵庫県北部の小学校教諭であった東井義雄（1957）はその状況に直面し、「村を捨てる学力」から「村を育てる学力」へを掲げ、教育活動にとりくんだ。

「産業化をすすめ個人主義を実現してきた近代の学校や教育制度は、いずれにしても個人の外に価値を認め、そこに向かって個人を『解放』するというシステム」（尾崎1999　p.235）であった。学校は、「個人の外に価値を認め」ることで、なにかができること、なにかをすることを価値としてきた。そのため、「できる―できない」「する―しない」という経済成長・発展に貢献する価値基準からなる「よりよい教育」によって、子どもを、先生を、保護者や地域の人たちを煽り、分断してきた。

そのような地域の衰退、地域の人たちの分断や孤立化に手を貸してきたという歴史的事実（社会機能としての帰結）を学校はもつ。「地域とともにある学校」と言う際、学校が地域を衰退させる、衰退させてきた点をどのように考えるのか。学校は地域を衰退させる危険性をもちつづけ

るのである。それゆえに学校も「地域コミュニティの核・居場所」の"1つ"という観点に立ち、社会教育や福祉（子ども家庭〈児童〉・高齢者・障害者）などの近接・関連領域や、NPOなどの地域団体も含めた多様な担い手と共同・連携して、地域の暮らしを創り上げていく必要がある。

3. 学校安全と「聴聞される機会」

　先述の「学校安全の推進に関する計画」には「安全に関する教育の充実方策」として、「安全教育における主体的に行動する態度や共助・公助の視点」「避難訓練」「原子力災害への対応」などが指摘されている。いずれも重要なことであるが、「教育する」「指導する」ことに躍起になれば、おのずと子どもが客体におかれ、当事者意識が希薄になるとも言える。主体性を意味するsubjectは、形容詞として「支配下にある」「従属する」という真逆の意味ももつ。子どもはおとなの意図や期待に応えようとするところがある。子どもはおとなにとって「望ましい」言動をおこない、おとなはそのような子どもの言動をもって「主体的」ととらえてしまうことはないであろうか。

　東日本大震災の際、釜石市の多くの中学生が幼い子の手を引き、ベビーカーを押して逃げ、「釜石の奇跡」と評された。なかにはおとなの判断に疑問をもち、より高台の避難場所へ逃げることを提案し、多くの命を救った中学生もいた。このような有事の際の行動は、普段のとりくみがあったからこそできたのかもしれない。たとえば、定期的に市全体で避難訓練をおこなったり、中学生の自覚や責任感を喚起する実践的なとりくみを実施した。あるいは防災教育にとどまらず、教育活動全体において子どもの意見を尊重するような教員と子ども、子ども同士の関係が築かれていた。さらには学校に限らず、家庭や地域においても子どもを大切にする雰囲気のようなものがあったのかもしれない。

　釜石市での子どもの生存率は99.8％（小学生1,927人、中学生999人の

生存者）であり、5人の小・中学生が命を落としたという[15]。片田は「もちろん、死者が出た時点で、私たちがやってきた防災教育は成功したと胸を張ることはできない。だから、私は彼女ら死者の声に耳を傾け続ける。防災学は、人の命を救う実学だからだ。彼女らの声を聞くことで、別の命を救うことができる」と述べる。防災学だけでなく、保育学・教育学も「実学」である。だからこそ、過度に評価することなく、また悲観的にとらえることもなく、子どもの声に耳を傾け、学校安全について共に考えつづけていくことが大切となる。

釜石の中学生の「主体的」な行動は、日々の生活の中でどのようにして身についていったのか。日々の学校教育において、すべてを教育して身につけさせ、育ませることは可能なのであろうか。教育以外のなにが必要なのであろうか。有事の子どもの姿は、教育をラディカルに問い、その限界や可能性から考えることを求める。

他方で、東日本大震災後の子どもの様子について次のような話を聴いた。避難所生活のなか、ボランティア活動にみずから励んだ中学生が平常に戻り、学校へ通い、学校生活を送るようになると、「受け身のいつもの中学生」に戻ったという[16]。この中学生のことをどのように考えたらよいのであろうか。少なくとも、「受け身のいつもの中学生」にさらなる教育をおこない、主体的にするというのは無理があるであろう。なぜなら、彼らは有事の際には見事にみずから考え、動いたのだから。

さしあたって、当事者主権の要求である「私のことは私が決める」（中西・上野 2003 p.4）というもっとも基本的なこと[17]から考えるならば、わたしたちができるのは、その子、その子たちにとってもっともよいことを子どもと共に考えること（子どもの権利条約第3条「子どもの最善の利益」）であり、それゆえにその子、その子たちの気もちや考えに耳を傾けつづけること（第12条「子どもの意見の尊重」）である。とくに子どもにとって気もちや考えを聴いてもらえる機会（同条2項「聴聞される機会」）を確保すること、子どもにとってはいつでも話を聴いても

らえるという雰囲気ないし安心感のあることが大切であろう。

　安全教育を考えるうえでも、たとえば、通学路の危険場所、普段の体育や運動部活動、友だち関係などについて話したい時に聴いてもらえる機会を確保することから始めたい。緊張感のある安全教育をおこない、子どもに当事者意識を育んでもらうことは大事なことである。同時に、子どもがいつでも話を聴いてもらえるという雰囲気ないし安心を感じ、教員や友だち、家族や地域の人たちとゆるやかなつながりをもつこと、そのための聴聞される機会をおとながいかに確保していくかが肝要となる。

《注記》
(1) 1776年のアメリカ独立宣言や1789年のフランス「人および市民の権利宣言」の精神は、1792年4月のフランス立法議会での有名な公教育法案「公教育の組織に関する報告・法案」（Rapport et plan de Decret sur l'Organisation General）に典型的に表現されている。
(2) コンドルセは、1791年に開会した立法議会の公教育委員会委員長となり、公教育組織法案の作成作業をおこない、1792年に議会へ成案を提出した。これが「公教育の一般的組織に関する報告および法案」、いわゆるコンドルセ案である。コンドルセの公教育案の特徴は、梅根（1975）pp.124-127を整理して掲載した。
(3) ここでは憲法優位説をとる。憲法より条約を上位におく条約優位説もある。
(4) 2001（平成13）年、中央省庁再編にともない、文部省（学術・教育・学校などに関する行政機関）と、科学技術庁（科学技術行政を総合的に推進する行政機関）が統合されて、文部科学省が誕生した。なお、文部省は1871（明治4）年に、科学技術庁は1956（昭和31）年に設置された。
(5) 現在は、学校教育法施行規則第43条となる。
(6) 2018（平成30）年4月1日現在のCS設置数は、532市区町村および18道府県の教育委員会において、5,432校（幼稚園147園、小学校3,265校、中学校1,492校、義務教育学校39校、中等教育学校1校、高校382校、特別支援学校106校）となっている。2010（平成22）年段階では629校であったものが、2012（平成24）年1,183校へ、2015（平成27）年2,389校へ、2017（平成29）年3,600校へ、さらに2018（平成30）年5,432校へと飛躍的に増加してきている。
(7) 2013（平成25）年の「学校生活における健康管理に関する調査」中間報告（学校給食における食物アレルギー対応に関する調査研究協力者会議）と、2014（平

第 3 章　教育制度・教育行政

成 26）年の「今後の学校給食における食物アレルギー対応について」最終報告（同会議）、2008（平成 20）年の「学校のアレルギー疾患に対するガイドライン」（文部科学省監修・公益財団法人日本学校保健会）を参照されたい。
(8) 死者数は小学 1 年生で 32 人、小学 2 年生で 22 人、小学 3 年生で 13 人、小学 4 年生で 8 人、小学 5 年生で 5 人、小学 6 年生で 4 人となっている。
(9) 東日本大震災によって東京電力福島第一原子力発電所の事故が発生した。それにより原子力災害による帰還困難区域や居住の制限など深刻な被害も生じた。
(10) 2018（平成 30）年 12 月 8 日現在（警察庁）、東日本大震災での死者は 15,894 人、行方不明者は 2,546 人である。2017（平成 29）年 9 月 30 日現在（復興庁）、震災関連死 3,645 人である。なお、文部科学省は震災直後から文部科学省関連の被害情報の 1 つとして、死亡・負傷の人的被害について県別・国公私立等別の人数（子ども・教職員等の区別なし）を提供している。また宮城県教職員組合編（2012）は、「震災での宮城での死者・行方不明の子どもは、326 名、両親を失った孤児が 135 名、片親を失った遺児が 900 名にのぼり、教職員は 19 名が犠牲となりました」（p.3）と記している。
(11) セーフティプロモーションとは、「住民が平穏に暮らせるようにするため、事故や暴力及びその結果としての外傷や死亡を、部門や職種の垣根を越えた協働による科学的に評価可能な介入により予防しようとする取組のこと」（日本セーフティプロモーション学会：http://plaza.umin.ac.jp/~safeprom/index.html〈2019 年 4 月 1 日〉）である。
(12) 「文部科学省×学校安全」https://anzenkyouiku.mext.go.jp/ では、全国でのとりくみ・モデル事業の概要と成果なども含め、学校安全、危機管理に関する情報を提供している。
(13) 就学年齢にある子どもが以下の時には保護者に対する就学義務の猶予・免除（不就学）がある。①病弱、②発育不完全、③その他やむを得ない事由、である。2017（平成 29）年度現在、猶予者は 1,156 人（6 〜 11 歳 782 人、12 〜 14 歳 374 人）、免除者は 2,699 人（6 〜 11 歳 1,885 人、12 〜 14 歳 814 人）である（文部科学省「特別支援教育資料（平成 29 年度）」）。
(14) 文部科学省初等中等教育局児童生徒課「平成 29 年度　児童生徒の問題行動・不登校等生徒指導上の諸課題に関する調査結果について」 2018（平成 30）年 10 月 25 日。長期欠席と不登校の違いについては、第 11 章を参照されたい。なお、居住実態が把握できない児童は、2018（平成 30）年 6 月 1 日時点で、調査対象児童 1,183 人のうち、28 人であった（厚生労働省　平成 29 年度「居住実態が把握できない児童」に関する調査結果等の報告について）。
(15) 片田敏孝「小中学生の生存率 99.8％は奇跡じゃない」　WEDGE REPORT 2011 年 4 月 22 日　http://wedge.ismedia.jp/articles/-/1312（2019 4 月 1 日）

(16) A県中学校教員より、2015年2月7日に聴聞した。
(17) なお、当事者主権については、「当事者主権とは、私が私の主権者である、私以外のだれも―国家も、家族も、専門家も―私がだれであるか、私のニーズが何であるかを代わって決めることを許さない、という立場の表明である」(p.4) とある。

《引用・参考文献》

梅根悟監修 (1975)『世界教育史大系9　フランス教育史Ⅰ』講談社
岡村達雄 (1983)『教育のなかの国家――現代教育行政批判』勁草書房
尾崎ムゲン (1999)『日本の教育改革――産業化社会を育てた130年』中央公論新社
倉石一郎 (2018)「『教育機会確保』から『多様な』が消えたことの意味――形式主義と教育消費者の勝利という視角からの解釈」日本教育学会『教育学研究』第85巻第2号　pp.150-161
桜井智恵子 (2012)『子どもの声を社会へ――子どもオンブズの挑戦』岩波書店
桜井智恵子・広瀬義徳編 (2013)『揺らぐ主体／問われる社会』インパクト出版
住友　剛 (2017)『新しい学校事故・事件学』子どもの風出版会
東井義雄 (1957)『村を育てる学力』明治図書
中西正司・上野千鶴子 (2003)『当事者主権』岩波書店
宮城県教職員組合編 (2012)『東日本大震災 教職員が語る子ども・いのち・未来』明石書店
吉井健治 (2000)「日本におけるホームスクーリングの可能性と課題――ホームスクールの一事例を通して」『社会関係研究』6　pp.55-76

第4章 子どもの発達と学習

考えてみよう！

「発達に遅れがある」と言う時、わたしたちは「発達」という言葉に「標準的な育ち」という意味をこめているのではないでしょうか？ もしそうであるとすれば、「標準的な育ち」とはどのような育ちなのでしょうか？ これまでにあなたが過ごしてきた学校園における学習経験や生活経験を振り返って考えてみましょう。

この章の前半で学びたいこと
① 子どもの心身の発達の過程や特徴について理解する。
② 子どもの学習に関する基礎的知識を身につけ、発達をふまえた学習を支える指導について基礎的な考え方を理解する。

1．子どもの発達の過程・特徴

（1）発達とは

　幼いころ、アサガオの栽培やアオムシの飼育を経験した人もいるであろう。アサガオであれば、種子→発芽→双葉→本葉→開花と変化し、アオムシであれば、幼虫→サナギ→蝶と変化する。植物や昆虫のこのような変化のプロセスは成長と呼ばれ、発達と呼ばれることはない。それに対し人間の場合は、誕生してからの成長のプロセスが発達という言葉でも表現される。成長と発達はどこが異なっているのであろうか。文部科学省の子どもの徳育に関する懇談会から出された「子どもの徳育の充実に向けた在り方について（報告）」（2009〈平成21〉年）では、発達につ

いて次のように述べられている。

　○子どもの発達は、子どもが自らの経験を基にして、周囲の環境に働きかけ、環境との相互作用を通じ、豊かな心情、意欲、態度を身につけ、新たな能力を獲得する過程であるが、身体的発達、情緒的発達、知的発達や社会性の発達などの子どもの成長における様々な側面は、相互に関連を有しながら総合的に発達する。
　○子どもはひとりひとり異なる資質や特性を有しており、その成長には個人差がある一方、子どもの発達の道筋やその順序性において、共通して見られる特徴がある。子どもは成長するに伴い、視野を広げ、認識力を高め、自己探求や他者との関わりを深めていくが、そのためには、発達段階にふさわしい生活や活動を十分に経験することが重要である。特に身体感覚を伴う多様な経験を積み重ねていくことが子どもの発達には不可欠であり、これらを通して、子どもの継続性ある望ましい発達が期待される。

　上記から発達とは、身体に元から備わっているものだけで起こる変化ではなく、「環境との相互作用」によって起こるものであり、身体的な変化だけでなく、情緒的・知的・社会的なものが合わさった「総合的」な変化であると言える。また発達には「道筋」や「順序」がある。たとえば、乳幼児は頭部が比較的大きく脚部は小さい。このように身体発達が頭部から尾部（脚部）へ道筋に沿って進行することを発達の方向性と言う。その他、乳幼児の全身運動は、首の安定→お座り→はいはい→つかまり立ち→立つ→歩く→走るというように変化する。このように段階ごとに飛躍することなく進行することを発達の順序性と言う。
　「発達段階にふさわしい生活や活動を十分に経験することが重要である」と言われるのは、ある経験をした時に、発達という観点からみた場合、その効果がもっともよく現れる時期があり、同じ経験をしても、時

期が異なればほとんど効果が現れないからである。つまり、発達には臨界期があると言える。

（2）発達段階における子どもの特徴と課題

　発達段階については、社会的習慣、身体発達、精神構造の変化、特定の精神機能などの異なる観点によりさまざまな区分がなされている。たとえば、ピアジェ（Piaget, J.）は、感覚運動期、前操作期、具体的操作期、形式的操作期というように、認知発達の段階によって区分している。エリクソン（Erikson, E.H.）は、乳児期、幼児期初期、遊戯期、学童期、青年期、初成人期、成人期、老年期というように、心理社会的発達の段階によって区分している。一般的には、胎児期、乳児期、幼児期、児童期、青年期、成人期、壮年期、老年期という8つの段階が用いられる。

　また、発達段階において獲得することがもっともふさわしい課題は「発達課題」と呼ばれており、ハヴィガースト（Havighurst, R.J.）によって示されたものが有名である。ハヴィガーストによれば、前の段階の課題を乗り越えて達成することで次の段階へ進むと考えられてきた。

　次頁の表4－1は「子どもの徳育の充実に向けた在り方について（報告）」などをもとにして、各段階における発達上の特性と成育をめぐる課題などについてまとめたものである。学齢による区分を用いた。

2．主体的な学習活動を支える指導の基礎となる考え方

（1）心理学における学習理論

　心理学では一般的に、経験による比較的永続的な行動の変容を学習と呼んでいる。経験によるものであっても短時間の行動の変化は学習とは呼ばない。学習理論には、連合説と認知説がある。連合説というのは行動主義心理学に依拠しており、学習は特定の刺激に対する特定の反応の

表4－1　各段階における発達上の特性と成育をめぐる課題など

時期区分		発達上の特性
乳幼児期	乳児期・幼児前期（0〜2歳頃）	○外界への急激な環境の変化に対応し、著しい心身の発達とともに、生活リズムの形成を始める。特に、視覚、聴覚、嗅覚などの感覚は鋭敏で、泣く、笑うなどの表情の変化、からだの動き、「あーうー」「ばばばぶ」といった喃語（なんご）（まだ言葉にならない段階の声）により、自分の欲求を表現する。 ○自分を守り、自分に対し応答的にかかわる特定の大人（多くの場合、母親）との間に、情緒的な絆（愛着）を形成する。そこで育まれる安心感や信頼感を基にして、身近な人や環境に対する興味や関心が芽生え、人間関係を広げると同時に外部への探索行動を行う。歩行の開始などとともに行動範囲を広げていく。 ○表象機能の発達により、自分が行おうとすることをあらかじめイメージできるようになり、自分なりの「つもり」を持ちながら行動するようになる。自分の思いどおりにしようとして、親等に止められる等、「してよいこと」・「してはならないこと」をめぐって親等との間に綱引きが始まる。 ○大人の言うことがわかるようになり、自分の意志を大人に伝えたいという欲求が高まる。さらに、発声が明瞭になり、語彙も増加していき、自分の意志や欲求を言葉で表出できるようになる。 ○身体的技能の発達とともに、食事、衣服の着脱など身の回りのことを自分でしようとするようになる。
	幼児後期（3〜6歳頃）	○食事、排泄、衣服の着脱等、自立できるようになるとともに、食事、睡眠等の生活リズムが定着し、基本的な生活習慣を獲得していく。 ○身近な人や周囲の物、自然等の環境とかかわりを深め、興味・関心の対象を広げ、認識力や社会性を発達させていく。 ○生活の繰り返しの中で、身体感覚を伴う直接的な体験や具体的な事物に関連させながら、世界に対する認知を広げていく。 ○他人が自分とは異なる見方・感じ方・考え方をすることを理解できない「自己中心性」があるが、一方で、自らと違う他者の存在や視点に気づき、相手の気持ちになって考えたり、時には葛藤をおぼえたりする中で、自分の感情や意志を表現しながら、他者の存在・視点にも次第に気づき始める。 ○子ども同士で遊ぶことなどを通じ、豊かな想像力を育むとともに、協同的な学びを通じ、十分な自己の発揮と他者の受容を経験していく。このような友達とのかかわりあいを通じて、道徳性や社会性の原型が育まれていく。
学童期	小学校低学年	○身体的・運動的な機能の発達に伴い活動の範囲が広がる。言語能力や認識の力も高まり、自然等への関心が増える。ある程度時間と空間を超えた見通しが持てるようになる。 ○幼児期の自己中心性も残っているが、他人の立場を認めたり、理解したりする能力も徐々に発達してくる。学校等での生活経験を通じ、集団の一員との意識を持つようになり、子どもたち同士でも役割を分担して行動したりするようになる。 ○「大人が『いけない』と言うことは、してはならない」といったように、善悪の判断は、大人の権威に依存してなされ、教師や保護者の影響を受けやすい。また、行為の動機よりも結果を基準とした道徳的価値判断を行う傾向が強いが、してよいことと・悪いことについての理解はできるようになる。
	小学校高学年	○物事をある程度抽象化して認識することが可能となり、その能力が増す。対象との間に距離をとって分析できるようになり、自分のことも客観的に捉えられるようになる。 ○身体的にも知的・社会的にも成長し、有能感（又は、劣等感）を持つ反面、発達の個人差が顕著になることから、自己に対する肯定的な意識を持てず、自尊感情の低下などにより劣等感を持ちやすくなる。 ○集団とのかかわりにおいては、徐々に集団の規則や遊びのきまりの意義を理解して、集団目標の達成に主体的に関わったり、共同作業を行ったり、自分たちできまりを作り守ろうとしたりすることもできるようになる。 ○排他的な遊び仲間どうしで活動するギャングエイジを迎え、学校（学級）においては、幾つかの閉鎖的な仲間集団ができる。集団間の争いや、所属する集団への付和雷同的な行動も見られるようになる。 ○道徳的判断については、行為の結果とともに行為の動機をも十分に考慮できるようになる。理想主義的な傾向が強く、自分の価値判断に固執しがちになる。

第4章　子どもの発達と学習

課題	現代的特徴として指摘される現象又は問題点
○親等への愛着の形成、人に対する基本的信頼感の醸成 ○欲求に基づく適度の自己主張と自己抑制の学習 ○身辺自立への訓練・学習	○都市化、核家族化、地域における地縁的なつながりの希薄化等の社会状況の変化の中で、子育てへの不安やしつけに対する自信喪失を抱えたまま、孤立しがちな親が多く見られる。 ○乳幼児期における身体の成長（身長、体重等）や知的な発達（言葉の習得等）の面で、自分の子どもを他の子どもと比較し、それに一喜一憂している親の姿が多く見られる。 ○親子の関係をめぐっては、子どもを放任する親、子育てに無関心な親がいると同時に、子どもに対して過保護・過干渉な親、子どもとの関係に依存する親、子どもを虐待する親もいる等、親の多様な問題が指摘されている。
○遊びの発達、子ども同士の相互交渉の深まり ○基本的な生活習慣の定着・確立 ○善悪の区別についての学習と良心の芽生え ○十分な自己の発揮と他者の受容による自己肯定感の獲得 ○道徳性や社会性の芽生えとなる遊び等を通じた子ども同士の体験活動の充実	○少子化の影響等もあり、地域の中での子ども同士のかかわりが減少している。 ○都市化の影響から、家庭や地域において、子どもが自然と直接に触れあう経験が少なくなっている。 ○家庭におけるしつけが十分になされず、成長期に不可欠な基本的な生活習慣・生活リズムが大きく乱れている。 ○幼児期においても、子どもに知的な教育を早期に始めようとする傾向が、都市部等を中心に強くなっている。
○学校における集団生活への適応 ○「人として、行なってはならないこと」についての知識と感性の涵養や、集団や社会のルールを守る態度など、善悪の判断や規範意識の基礎の形成 ○自然や生命、美しいものに感動する心などの育成（情操の涵養）	○家庭における子育て不安の問題や、子ども同士の交流活動や自然体験の減少等から、子どもが社会性を十分身につけることができないまま小学校に入学することにより、精神的にも不安定さを持ち、周りの児童との人間関係をうまく構築できず集団生活になじめず、集団生活のスタート時点で問題が顕在化するケースが多くなっている（いわゆる「小1プロブレム」）。 ○社会規範が流動化し、よいこと・悪いことについて、親や教師、地域の大人が自信を持って指導できなくなっている（叱れない大人、迎合的な親）。
○抽象的な思考様式への適応、他者の視点への理解力の発達（↔「9歳の壁」） ○活動能力の広がりに応じた現実世界への好奇心（興味・関心、意欲）の涵養 ○対人関係能力、社会的知識・技能の向上（敵対する者も含めた同年代の者とのつきあいを学ぶ） ○良心・道徳性・価値判断の尺度の高次化・強化 ○集団における役割の自覚や主体的な責任意識の育成 ○自他の尊重の意識や他者への思いやりなどの涵養 ○自己肯定感の育成	○メディアを通じた疑似体験・間接体験が多くを占め、人・モノ・実社会に直に触れる直接体験の機会が減少している。 ○ギャングエイジを経ないまま成長する子どもが増えている。 ○自尊感情を持てないでいる子どもが数多くいる。

表4-1 つづき

時期区分		発達上の特性
青年期	青年前期（中学校）	○内省的傾向が顕著になって自意識も一層強まる。自意識と実態との差に悩む時期でもある。程度の差はあるものの周囲の期待に添って「よい子」として振る舞ってきた者も、様々な葛藤や経験の中で、自分の生き方を模索するようになる。 ○他者との関係では、親や教師の存在は相対的に小さくなり、特定の仲間集団の中に安息を見出すようになる。親への反抗期を迎える。仲間特有の言語環境で充足を覚え、排他的であることをよしとし、仲間同士の評価は強く意識するが、広く他者と意思疎通を図ることには意識が向かわない傾向もある。性意識が高まり、異性への興味・関心が大きくなる。 ○具体的な事柄に関して首尾一貫した思考が可能であるだけでなく、目に見えない抽象的な事柄についてもかなり深い思索ができるようになり、多くの人々からなる社会の存在を認識し、個人と社会との関係等についても理解できるようになる。
	青年中期（高等学校）	○生活空間が飛躍的に広がり、それに伴って情報も生活体験も格段に拡充する。 ○思春期の混乱から脱しつつ、大人の社会を展望するようになる。自分はおとなの社会でどのように生きるのかという課題に出会い、真剣に模索し始める時期であるが、真剣に考えることを放棄して、目の前の楽しさだけを追い求める者もいる。 ○知的にも情緒的にも人間や社会に対する認識が深化する可能性のある時期である。法やきまりに対してもそれ自体の正しさを問うたり、社会規範の相対性の面に関心が向かうなど、メタレベルでの認識が進んでいく。

注：文部科学省初等中等教育局児童生徒課「参考資料2 各発達段階における子どもの成育をめぐる課題等について（参考メモ）［改訂］」(http://www.mext.go.jp/b_menu/shingi/chousa/shotou/053/shiryo/attach/1285897.htm) および、文部科学省初等中等教育局児童生徒課「子どもの発達段階ごとの特徴↗

連合（S-R連合）とみなす立場である。パブロフ（Pavlov, I.P.）による古典的条件づけ（レスポンデント条件づけ）、スキナー（Skinner, B.F.）による道具的条件づけ（オペラント条件づけ）、ソーンダイク（Thorndike, E.L.）による試行錯誤学習などがある。

認知説は、認知心理学に組みこまれたと考えられる。学習を単なるS-R連合とは考えず、学習が成立するには環境に対する認知構造の変化が必要であり、新しい反応が出現する前にすでに学習は進行しているとする立場である。認知構造というのは、認識、態度、期待などの枠組みであり、ものの見方や考え方にあたるものである。ケーラー（Köhler, W.）による洞察学習、トールマン（Tolman, E.C.）のサイン・ゲシュタルト説、レヴィン（Lewin, K.）の場の理論などがある。

またこれらのほかに、コミュニティに実践的に参加し、個人をとりまく環境と相互作用することによって学習がおこなわれるとする社会文化

課題	現代的特徴として指摘される現象又は問題点
○人間としての生き方を踏まえ、自らの個性や適性を探求する経験を通して、自己を見つめ、自らの課題と正面から向き合い、自己の在り方を思考 ○特定の友人との深い人間関係の形成 ○異性との望ましい関係の学習 ○社会の一員として他者と協力し、自立した生活を営む力の育成 ○法やきまりの意義の理解や公徳心の自覚	○反抗期を経ないまま成長する子どもが多くなっている（「友達親子」の増加）。 ○孤立を恐れる「群れ指向」と友人関係の深まりを忌避する「ふれ合い恐怖」を併せ持つ子どもが多くなっている。 ○生徒指導に関する問題行動などが表出しやすい。不登校の子どもの割合が大幅に増加する傾向がある。
○自己同一性の確立、親や他の大人からの情緒的自立（心理的離乳） ○人間としての在り方・生き方を踏まえ、自らの個性・適性を伸ばしつつ、生き方について考え、主体的に自らの進路を選択・決定できる能力の獲得 ○社会の一員である市民としての必要な知識の習得・態度の形成 ○他者の善意や支えへの感謝の気持ちとそれにこたえること	○子離れできない親・親離れできない子どもが増えている。 ○将来に展望を持たない刹那主義的な傾向の若者が増えている。 ○特定の仲間集団の中では濃密な人間関係を持つが、その外側には無関心となる傾向が強くなっている（社会や公共に対する意識・関心の低下）。

と重視すべき課題」(http://www.mext.go.jp/b_menu/shingi/chousa/shotou/053/gaiyou/attach/1286156.htm) をもとに作成した。

的な側面に注目した状況的学習理論がある。学習と言えば学校教育が想起されるが、それだけでなく、わたしたちの生活全体が学習の場であり、わたしたちの日常生活に学習が埋めこまれているという考え方である。

(2) 学習意欲の心理的メカニズム

　学習意欲については、「動機づけ」という観点から議論が積み重ねられてきた。動機づけには、学習内容に興味や関心があるなど学習を引き起こす要因が自分の内にあるという「内発的動機づけ」と、テストでよい点をとって他者からほめられたいなど学習を引き起こす要因が自分の外にあるという「外発的動機づけ」がある。「主体的な学び」という点からすれば、内発的動機づけのほうが望ましいと考えられるかもしれないが、近年、動機づけを連続的にとらえ、外発的動機づけは、自己決定性の程度から内発的動機づけに移行すると言われている。

鹿毛（2013）によれば、「動機づけ」[1]は、個人内要因である「認知」「感情」「欲求」と、個人外要因である「環境」の４つの要素によって規定されている。たとえば、読書をするという動機は、「この本はレポートを書くうえで役に立ちそうだ」と考えたり（価値の認識＝認知要因）、本のタイトルに興味が湧いたり（興味＝感情要因）、友だちと親交を深めるための話題づくりを期待したり（関係性への欲求＝欲求要因）することが相互に関連しあっている。そしてさらにそれは、個人内要因にとどまらず、夏休みの宿題で読書感想文を書く必要があるなど個人の外部にある環境要因とも関連がある。

　また、動機づけには、「特性レベル」「領域レベル」「状態レベル」の３つの水準がある。Ａさんが好奇心旺盛であるというのは、Ａさんの「個人のパーソナリティの一部として全般的に機能する水準（特性レベル）」である。しかし好奇心旺盛なＡさんであっても、算数の時間は国語の時間ほど一生懸命に学習しないというのは、「分野や領域の内容に即して発現する水準（領域レベル）」である。そして一生懸命に学習する国語の時間であっても、授業が終わりに近づくころには眠そうにしているというのは、「時間経過とともに現在進行形で変化する水準（状態レベル）」である。

　動機づけについて丁寧に検討を加えると、学習意欲というものがいかに複雑な心理メカニズムであるのかということに気がつく。学習意欲が一朝一夕に培われるものではないことをふまえたうえで、鹿毛（2013）は教員にできることについて次のように述べている。

　　教師にできることは「教育環境のデザイン」と「教育的な関わり」を通して、教室や学校にそのような学習それ自体を大切にする文化や風土を創り上げることであろう。そのためには、学習意欲の複雑で微妙な性質を教師自身が十分に理解し、学習者ひとり一人のユニークな姿を尊重しようとする態度が大切になるだろう。それと

同時に、教師が学習者と一緒に学びを楽しむ姿勢や教師自身の学習意欲も問われるに違いない。学習者にとって教師はまさに「意欲的な学び手」のモデルなのである。(p.33)

さらに考えてみよう！

　保育所の保育内容やその運営について定めた「保育所保育指針」（以下「指針」）では、その刊行（1965〈昭和40〉年）から第2次改訂（1999〈平成11〉年）に至るまで、子どもの発達は「年齢区分」によって示されてきた。しかし第2次改訂以降、子どもの発達は「発達過程区分」によって示されるようになった。しかも第3次改訂（2008〈平成20〉年）では、8つの発達過程区分を示すそれぞれの年齢の前に「おおむね」という文言が付されるようになった。第4次改訂（2017〈平成29〉年）においても、「それぞれの子どもの育ちゆく過程の全体を大切」にするために発達過程という文言が使用されている[2]。年齢区分で子どもの発達をとらえると、保育現場にどのような問題がもたらされたのであろうか。指針における用語の変遷を手がかりにし、発達というものそれ自体について考えたい。

1．個人差を無視した「子どもに圧力をかける」保育

　指針の第2次改訂の際に、年齢区分が発達過程区分に変更された理由について、改訂に携わった2人の委員は次のように述べている（石井・岡田・増田 2000）。

　石井　年齢別の発達の姿といって、その標準的な子どもの姿を見せることによって、クラス別編成の保育では、あたかもそれが一つの子どもの活動の目標とかある種の基準ととらえて、そこから出っ張っ

ている子はいいとか、へこんでいる子はだめだというふうな悪い子どもの見方を与えていくのではないかということで、いろいろ話をしたんです。
　増田　保育士の中に、年齢区分で示された保育の内容を自分の担当するクラスの全ての子どもの到達目標のようにとらえるという誤解が、また個人差が無視されるような保育になる心配があったようです。(pp.40-41)

　子どもの姿が年齢区分で示されることにより、次のような問題が懸念されていたことがわかる。たとえば3歳児クラスの担任が、指針に記された3歳児の姿を到達目標とし、クラスの子どもをすべて3歳児の標準的な姿に到達させたいと考えていたとしよう。このような場合、その担任は、個人差を無視した保育をおこなってしまうのではないか。そうなれば子どもは、3歳児の発達の姿を基準にして、そこに「到達している―到達していない」で評価される。そして到達していない子どもはマイナス評価を受け、3歳児の発達の姿に到達すべく「強制的に子どもに圧力をかける」（石井・岡田・増田2000　p.90）保育を経験させられることになるかもしれない。
　このような懸念があったため、第2次改訂では「画一的にすべての子どもを同一年齢だからといって同じような理解と保育」（石井・岡田・増田2000　p.90）をおこなってはならないと確認され、発達過程区分という考え方が打ち出された[3]。しかし第3次改訂では、さらに年齢区分の前に「おおむね」という文言を付し、それが年齢別の発達の姿を表すものではないということを改めて確認しなければならなかった。第2次改訂時に懸念されていたことが現実になってしまったからであろう。
　保育現場で年齢別の発達の姿が到達目標のように扱われてしまった背景の1つとして、「小学校入学までに○○○ができなければならない」というような、学校や保護者からの圧力の存在も考えられる。5歳児修

了時点でクラスの子どもを、標準的とされる発達の姿に到達させなければならないということになれば、まずは、各年齢で示された発達の姿に到達させておかなければならないと保育者が考えても仕方がないことであろう。しかし、「画一的にすべての子どもを同一年齢だからといって同じような理解と保育」をおこなってはならないという戒めがある。また、すべての子どもを標準とされる発達の姿に到達させることが難しいというのも自明である。そうであるにもかかわらず、なぜ、到達目標をめざすような保育がおこなわれてしまったのか。

　鯨岡によれば、「従来、発達という概念は、個体として誕生した子どもが次第に身体的、運動的、認知的な諸能力を向上させていくという意味合いにおいて用いられて」（鯨岡2002　p.10）いた。発達臨床の枠組みは、「正常と比べて『何ができないか』を明らかにする診断・評価」を基本とし、「臨床的対応もまずは『できることを増やす』こと」（鯨岡2002　p.17）であった。そのため、「正常からのその落差を埋め合わせるような発達促進的な『させる』対応こそが『子どものためなのだ』と信じ込む」（鯨岡2002　p.17）ようになった。鯨岡の知見によれば、保育現場で「画一的にすべての子どもを同一年齢だからといって同じような理解と保育」がおこなわれてしまったのは、「能力発達の段階を上げることがこの子の成長なのだ」（鯨岡2002　p.17）と考えるような個体能力論的発達観に依拠した保育がおこなわれていたからであると言えよう[4]。

2．個体能力論的発達観が引き起こした排除

　個体能力論的発達観は保育だけでなく教育や福祉の現場にも流布している。ここでは個体能力論的発達観によって障害のある子どもが普通学校から排除されてきたという事実についてみておきたい。戦後、この国では「重度障害児」と言われる子どもに対して教育は難しいという立場がとられてきた。そのため、視覚障害のある子どもに対する「盲学校」

や聴覚障害のある子どもに対する「聾学校」の整備に比べ、重度とされる知的障害や身体障害のある子どもに対する「養護学校」の整備は著しく遅れていた。

　ところが1960年代に、「重度障害児・者」の福祉に携わってきた人たちから、適切な教育的働きかけがあれば重度障害があっても発達していくことは可能であり、重度障害児が学校教育から排除されている状況は問題であると提起された。またちょうどこのころ、政府は経済発展をリードする人的能力を養成するために、能力主義を貫徹させる教育政策を徹底して進めていこうとしていた。そのため、障害児によって普通教育の秩序が乱されないように養護学校整備の必要性が浮上していた。このような状況のもと、政府の教育政策と、学校教育から排除されていた重度障害児の発達の保障を求める運動とが一致することになった[5]。その結果、1979（昭和54）年に知的障害や身体障害などのある子どもに対する養護学校が義務化され、障害の有無によって学びの場を分ける教育制度の整備が進められた。障害の有無や程度によって学びの場が分けられているということについては、特別支援学校になった現在も大きく変わっていない（第5章参照）。

　この事実から個体能力論的発達観は、発達を保障するためには別学体制もやむを得ないとする、障害のある子どもに対する差別的な対応を許してしまう危険性をもっていたことがわかる。養護学校義務化当時の政府の人的能力政策と、障害児の発達の保障を求める運動が結びついたのは、いずれの立場においても、できることを増やす個体能力の向上が重視されていたからではないかと考えられる。

3.「『発達』を囲む状況」をめぐる議論

　発達心理学者である浜田は、「『発達、発達』と叫んでしまうこと自体が、きわめて今日的なことで、けっして喜べたものではなく、むしろ現

代固有の屈折した不幸な状況だと見た方がよい」と言う。続けて浜田は次のように述べている（浜田 2015）。

　　私はもちろん子どもの育ちを「発達」の目で見ることの意味を否定したいわけではない。ただ、「発達」を論じる以上は、その「発達」を囲む状況がどのようになっているのかを押さえておかなければ、これを論じること自体が時代の病理をさらに深刻にしかねない。そのことをまずは自覚しておかなければなるまい。(p.ii)

　子どもの「『発達』を囲む状況」というのは、たとえば子どもが暮らす家庭の人間関係や経済や文化などの状況、その家庭をとりまく地域の人間関係や経済や文化などの状況、そして、その家庭や地域をとりまく社会の人間関係や経済や文化などの状況をさしている。2018（平成30）年8月、当時の大阪市長が「現代固有の屈折した不幸な状況」を目の当たりにする方針を発表した。全国学力・学習状況調査（以下「学力テスト」）結果が2年連続で政令都市の中で最下位になったことを憂慮し、今後は、学力テストの正答率目標達成結果を教員の人事評価やボーナスなどに反映させるという。これは、学力テストの正答率が子どもの個体能力の発達の結果であると考え、それは、教員の個体能力の発達の結果である指導力によって上昇するものであると考える、二重の個体能力論にからめとられた「『発達』を囲む状況」である。

　教員の指導力だけで学力テストの結果が左右されるものでないこと、教員の指導力が個人の力だけによるものでないことは周知の事実である。家庭の経済状況や文化状況などの「『発達』を囲む状況」が学力と相関関係にあること、「教師たちが専門家として仕事を創造し高め合う『同僚性』を構築する」（佐藤 1996　p.163）などの「『発達』を囲む状況」が教員の指導力に影響を与えることなどが指摘されて久しい[6]。それぞれの「『発達』を囲む状況」に軋みが生じている今だからこそ、個体能力

の単位で発達を考える議論にからめとられない慎重さが求められている。

《注記》
(1) 動機づけとは「行為が起こり、活性化され、維持され、方向づけられ、終結する現象」と定義される（鹿毛 2013　p.12）。
(2) 8つの発達過程区分は姿を消し、「乳児保育」、「1歳以上3歳未満児」、「3歳以上児」と大きく3つに区分されるようになった。
(3) 年齢区分が示されることによる弊害が懸念されながらも発達過程区分が示されたのは、「現場の保育士の側から、まったく年齢区分をなくすと、現在行われている発達の見方が不安定になり、かつまた、保育の中での保育士の保育の目安が立ちにくくなることを恐れて、年齢区分についての希望が強く出され」（石井・岡田・増田 2000　p.90）たからである。
(4) 鯨岡は、「『能力発達の段階を上げることがこの子の成長なのだ』と考えるような保育は、「残念ながら子どもの成長の全体像、とりわけ心の成長のありようを十分に掬い取るもの」ではないとしている。「子どもの成長は、狭くはその子を育てる人たちとの『育てる―育てられる』という関係のなかで、広くはその子の生きる社会や文化の圧倒的な影響力のなかで展開をみるもの」であるというように、子どもの発達を関係論的にとらえている（鯨岡 2002　p.10）。
(5) 詳しくは、山下（1988）を参照されたい。
(6) 家庭の経済状況や文化状況などが学力テストの結果と相関関係にあることについては苅谷（2001）、教員の成長にとって連帯する同志的な関係である「同僚性」の必要性については佐藤（1996）を参照されたい。

《引用・参考文献》
石井哲夫・岡田正章・増田まゆみ編（2000）『〈平成11年改訂〉対応　保育所保育指針解説』フレーベル館
鹿毛雅治（2013）『学習意欲の理論――動機づけの教育心理学』金子書房
苅谷剛彦（2001）『階層化日本と教育危機――不平等再生産から意欲格差社会へ』有信堂光文社
鯨岡峻（2002）『〈共に生きる場〉の発達臨床』ミネルヴァ書房
佐藤学（1996）「第4章〔二〕教師の自律的な連帯へ」　佐伯胖・藤田英典・佐藤学編『学び合う共同体』東京大学出版会　pp.143-182
浜田寿美男（2015）『〈子どもという自然〉と出会う――この時代と発達をめぐる折々の記』ミネルヴァ書房
山下栄一（1988）「序章　われわれの問題意識」　山下栄一編『現代教育と発達幻想』明石書店　pp.20-21

第5章 特別の支援を必要とする子どもの理解と支援方法

考えてみよう！

 障害のある子どもは、学校園所における学習や生活でどのような困難を感じていると思いますか？ これまでにあなたが過ごしてきた学校園における学習経験や生活経験を振り返って考えてみましょう。

この章の前半で学びたいこと
① 特別の支援を必要とする子どもの障害の特性や心身の発達を理解する。
② 特別の支援を必要とする子どもに対する教育課程や支援の方法を理解する。

1．特別の支援を必要とする子どもの理解

（1）特別支援教育に関する制度の理念やしくみ

　教職課程コアカリキュラムでは特別の支援を必要とする子どもを大きく2つに分けてとらえている。1つは、「発達障害や軽度知的障害」「視覚障害・聴覚障害・知的障害・肢体不自由・病弱等を含む様々な障害」のある子どもである。2つは、障害はないが「母国語や貧困の問題等により特別の教育的ニーズ」のある子どもである。この章では前者の障害のある子どもについて述べる。

　2007（平成19）年の文部科学省通知「特別支援教育の推進について」において、特別支援教育の理念は次のように示された。

特別支援教育は、障害のある幼児児童生徒の自立や社会参加に向けた主体的な取組を支援するという視点に立ち、幼児児童生徒一人一人の教育的ニーズを把握し、その持てる力を高め、生活や学習上の困難を改善又は克服するため、適切な指導及び必要な支援を行うものである。また、特別支援教育は、これまでの特殊教育の対象の障害だけでなく、知的な遅れのない発達障害も含めて、特別な支援を必要とする幼児児童生徒が在籍する全ての学校において実施されるものである。さらに、特別支援教育は、障害のある幼児児童生徒への教育にとどまらず、障害の有無やその他の個々の違いを認識しつつ様々な人々が生き生きと活躍できる共生社会の形成の基礎となるものであり、我が国の現在及び将来の社会にとって重要な意味を持っている。

「これまでの特殊教育」というのは、障害のある子どもを障害種別で分け、盲・聾・養護学校において実施されてきた教育のことである。しかし2006（平成18）年に学校教育法が改定され、特別支援学校が学校教育体系に位置づけられた。それにより、2007（平成19）年から特別支援学校において、複数の障害種別に対応した「幼稚園、小学校、中学校又は高等学校に準ずる教育を施すとともに、障害による学習上又は生活上の困難を克服し自立を図るために必要な知識技能を授けることを目的とする」教育がおこなわれるようになった。
　また2012（平成24）年に中央教育審議会初等中等教育分科会「共生社会の形成に向けたインクルーシブ教育システム構築のための特別支援教育の推進」（以下「特別支援教育の推進」）がとりまとめられた。これを受け、2013（平成25）年には障害のある児童生徒等の就学先決定のしくみに関する学校教育法施行令が改定された。それにより「①就学基準に該当する障害のある児童生徒等は原則特別支援学校に就学するという従来の仕組みを改め、障害の状態等を踏まえた総合的な観点から就学先を

決定する仕組みへの改正」、「②障害の状態等の変化を踏まえた転学に関する規定の整備」、「③視覚障害者等である児童生徒等の区域外就学に関する規定の整備」、「④保護者及び専門家からの意見聴取の機会の拡大」が図られることになった。

（2）障害者施策に関する法整備と特別支援教育

障害のある子どもをめぐる教育制度が大きく変化した背景には、障害者施策をめぐる国際的な動きがある。1993（平成5）年、国際連合総会（以下「国連総会」）において「障害者の機会均等化に関する標準規則」が採択され、1994（平成6）年には、スペインのサラマンカで開催された「特別なニーズ教育に関する世界会議」において、障害のある子どもを含めた万人のための学校を提唱した「サラマンカ宣言」が採択された。

2006（平成18）年には「障害者権利条約」（正式名称「障害者の権利に関する条約」）が国連総会で採択され、2008（平成20）年に発効した。教育について記された第24条では、障害者の権利の実現に向けてあらゆる段階におけるインクルーシブ教育システムおよび生涯学習を確保すること、そして障害者個人に必要とされる「合理的配慮」[1]が提供されることになった。それを受け日本でも、2011（平成23）年に「障害者基本法」改定、2012年（平成24）年に「障害者総合支援法」制定、2013（平成25）年に「障害者差別解消法」（正式名称「障害を理由とする差別の解消の推進に関する法律」）制定というように法整備が進められ、2014（平成26）年に障害者権利条約を批准する運びとなった。

（3）障害特性と障害のある子どもの学習上や生活上の困難

障害の特性、および障害のある子どもの学習上や生活上の困難に関しては、表5－1を参照されたい。この表は、2013（平成25）年の文部科学省初等中等教育局特別支援教育課『教育支援資料～障害のある子供の

表5－1　障害の特性、および障害のある子どもの学習上や生活上の困難

視覚障害	視機能の永続的な低下により、学習や生活に支障がある状態をいう。学習では、動作の模倣、文字の読み書き、事物の確認の困難等がある。また、生活では、移動の困難、相手の表情等がわからないことからのコミュニケーションの困難等がある。
聴覚障害	身の周りの音や話し言葉が聞こえにくかったり、ほとんど聞こえなかったりする状態をいう。聴覚障害がある子どもたちには、できるだけ早期から適切な対応を行い、音声言語をはじめその他多様なコミュニケーション手段を活用して、その可能性を最大限に伸ばすことが大切である。
知的障害	一般に、同年齢の子どもと比べて、「認知や言語などにかかわる知的機能」が著しく劣り、「他人との意思の交換、日常生活や社会生活、安全、仕事、余暇利用などについての適応能力」も不十分であるので、特別な支援や配慮が必要な状態とされている。また、その状態は、環境的・社会的条件で変わり得る可能性があるといわれている。
肢体不自由	身体の動きに関する器官が、病気やけがで損なわれ、歩行や筆記などの日常生活動作が困難な状態をいう。肢体不自由の程度は、一人一人異なっているため、その把握に当たっては、学習上又は生活上どのような困難があるのか、それは補助的手段の活用によってどの程度軽減されるのか、といった観点からおこなうことが必要である。
病弱 身体虚弱	病弱とは心身の病気のため弱っている状態を表している。また、身体虚弱とは病気ではないが身体が不調な状態が続く、病気にかかりやすいといった状態を表している。これらの用語は、このような状態が継続して起こる、又は繰り返し起こる場合に用いられている。病弱及び身体虚弱の子ども（以下「病弱児」）の中には、医師や看護師、心理の専門家等による治療だけでなく、学習への不安、病気や治療への不安、生活規制等によるストレスなどの病弱児の心身の状態をふまえた教育を必要とすることが多い。なお、病弱も身体虚弱も医学用語ではなく一般的な用語である。
言語障害	発音が不明瞭であったり、話し言葉のリズムがスムーズでなかったりするため、話し言葉によるコミュニケーションが円滑に進まない状況であること、また、そのため本人が引け目を感じるなど社会生活上不都合な状態であることをいう。
情緒障害	状況に合わない感情・気分が持続し、不適切な行動が引き起こされ、それらを自分の意思ではコントロールできないことが継続し、学校生活や社会生活に適応できなくなる状態をいう。
自閉症	他人との社会的関係の形成の困難さ、言葉の発達の遅れ、興味や関心が狭く特定のものにこだわることを特徴とする発達の障害である。その特徴は、3歳くらいまでに現れることが多いが、小学生年代まで問題が顕在しないこともある。中枢神経系に何らかの要因による機能不全があると推定されている。
学習障害	学習に必要な基礎的な能力のうち、1つないし複数の特定の能力についてなかなか習得できなかったり、うまく発揮することができなかったりすることによって、学習上、様々な困難に直面している状態である。
注意欠陥 多動性障害	おおよそ、身の回りの特定のものに意識を集中させる脳の働きである注意力にさまざまな問題があり、又は、衝動的で落ち着きのない行動により、生活上、さまざまな困難に直面している状態である。

注：『教育支援資料』をもとに作成した。なお同書では「学習障害」「注意欠陥多動性障害」となっているが、2014年日本精神神経学会では、米国の精神医学会が発行する精神疾患の新たな診断基準「DSM-5」が2013年に策定されたのにともない、学習障害を「学習症」、注意欠陥多動性障害を「注意欠如多動症」に変更している。

就学手続と早期からの一貫した支援の充実〜』をもとに作成している。同書は、学校教育法施行令改定などにともない、障害のある子どもの就学先の決定が大幅に見直されたことをふまえ、「科学的・医学的知見」に基づき「障害種ごとの障害の把握や具体的な配慮の観点等」について詳細に解説されたものである。

2．特別の支援を必要とする子どもの教育課程および支援の方法

(1) 特別支援学校学習指導要領における基本的考え方と発達支援の方法

現行特別支援学校幼稚部教育要領、特別支援学校小学部・中学部学習指導要領（以下「小中特支要領」）などの基本的な考え方は次の3つである。1つは、「社会に開かれた教育課程の実現、育成を目指す資質・能力、主体的・対話的で深い学びの視点を踏まえた指導改善、各学校におけるカリキュラム・マネジメントの確立など、初等中等教育全体の改

表5-2 調和的な発達を支える指導の充実のために配慮すべき7つの事項

①	学級内のよりよい人間関係を育てるために日頃から学級経営の充実を図る。集団場面の指導や援助としてのガイダンス、個別の課題対応としてのカウンセリングの双方を用いる。学年の時期の特徴を生かした指導の工夫を行う。
②	児童又は生徒が自己実現を図っていくことができるよう、児童理解・生徒理解を深め、学習指導と関連付けながら生徒指導の充実を図る。
③	児童又は生徒が社会的・職業的自立にむけて必要な基盤となる資質・能力を身に付けていくことができるよう、特別活動を要としつつ各教科等の特質に応じてキャリア教育の充実を図る。中学部においては生徒が主体的に進路を選択することができるよう学校の教育活動の全体を通じ、組織的かつ計画的な進路指導を行う。
④	児童又は生徒が学校教育を通じて身に付けた知識・技能を活用し、もてる能力を最大限伸ばすことができるよう、生涯学習への意欲を高め、社会教育等の学習機会に関する情報を提供する。また、多様なスポーツや文化美術活動を体験できるよう配慮する。
⑤	家庭や地域、医療、福祉、保健、労働等の関係機関との連携を図り、長期的な視点で教育的支援を行うために個別の教育支援計画を作成する。
⑥	重複障害者については、専門的な知識・技能を有する教師等の協力の下に指導を行ったり、専門家の指導・助言を求めたりする等、学習効果を一層高めるようにする。
⑦	学校医等との連絡を密にし、児童又は生徒の障害の状態等に応じた保健及び安全に十分留意する。

善・充実の方向性」の重視、2つは、「障害のある子供たちの学びの場の柔軟な選択を踏まえ、幼稚園、小・中・高等学校の教育課程との連続性」の重視、3つは、「障害の重度・重複化、多様化への対応と卒業後の自立と社会参加に向けた充実」である。

小中特支要領総則によれば、特別の支援を必要とする子どもの「調和的な発達を支える指導の充実」のために、「教育課程の編成及び実施」にあたり配慮すべき7つの事項が示されている。表5－2はその概略である。

（2）「多様な学びの場」における自立活動

「特別支援教育の推進」ではインクルーシブ教育システムに関して次のように述べられている。

> インクルーシブ教育システムにおいては、同じ場で共に学ぶことを追求するとともに、個別の教育的ニーズのある幼児児童生徒に対して、自立と社会参加を見据えて、その時点で教育的ニーズに最も的確に応える指導を提供できる、多様で柔軟な仕組みを整備することが重要である。小・中学校における通常の学級、通級による指導、特別支援学級、特別支援学校といった、連続性のある「多様な学びの場」を用意しておくことが必要である。

特別支援教育における教育課程の編成方法は「多様な学びの場」によって異なる。特別支援学校は、幼小中特支要領などにより幼稚園、小学校、中学校などに準ずる教育をおこなうとともに、自立活動をおこなうこととされている。「多様な学びの場」については表5－3を参照されたい。

自立活動とは、特別支援学校教育要領・学習指導要領解説自立活動編（幼稚部・小学部・中学部）（以下「幼小中特支解説自立活動」）によれば

表5－3　多様な学びの場

特別支援学校	障害の程度が比較的重い子どもを対象として教育をおこなう学校。公立特別支援学校（小・中学部）の1学級の標準は6人（重複障害の場合3人）。対象とする障害種は、視覚障害、聴覚障害、知的障害、肢体不自由、病弱（身体虚弱を含む）である。
特別支援学級	障害のある子どものために小・中学校に障害の種別ごとに置かれる少人数の学級（8人を標準〈公立〉）。知的障害、肢体不自由、病弱・身体虚弱、弱視、難聴、言語障害、自閉症・情緒障害の学級がある。
通級による指導	小・中学校の通常の学級に在籍する障害のある児童生徒に対して、ほとんどの授業（主として各教科などの指導）を通常の学級でおこないながら、週に1単位時間〜8単位時間（LD、ADHDは月1単位時間から週8単位時間）程度、障害に基づく種々の困難の改善・克服に必要な特別の指導を特別の場でおこなう教育形態。対象とする障害種は、言語障害、自閉症、情緒障害、弱視、難聴、LD、ADHD、肢体不自由及び病弱・身体虚弱である。

「特別支援学校の教育課程において特別に設けられた指導領域」である。それは、「授業時間を特設して行う自立活動の時間における指導を中心」とするものであり、各教科などの指導においても「密接な関係を図って」おこなわなければならず、障害のある子どもの教育において「教育課程上重要な位置」を占めている。自立活動の目標は、子どもの「自立を目指し、障害による学習上又は生活上の困難を主体的に改善・克服するために必要な知識・技能・態度及び習慣を養い、もって心身の調和的発達の基盤を培う」ことである。その内容は、①健康の保持、②心理的な安定、③人間関係の形成、④環境の把握、⑤身体の動き、⑥コミュニケーションの6区分27項目によって示されている。

　特別支援学級では、基本的には幼・小・中・高それぞれの要領に沿って教育がおこなわれるが、子どもの実態に応じて、特支要領を参考として特別の教育課程を編成することができる。通級による指導は、各教科などの指導を通常の学級でおこないながら、障害の状態に応じた特別の指導（自立活動の指導など）を特別の指導の場（通級指導教室）でおこなうため、通常の学級の教育課程に加え、またはその一部に替えた特別の教育課程を編成することができる。なお、特別支援学級や通級による指

導については、指導の担当教員だけでなく、他の教員との連携協力が求められている。

(3) 個別の指導計画・個別の教育支援計画の作成と連携

　幼小中特支解説自立活動によれば、自立活動とは、個々の子どもの「自立を目指し、障害による学習上又は生活上の困難を主体的に改善・克服しようとする取組を促す教育活動」である。その指導は、個々の子どもの「障害の状態や発達の段階等に即して」おこなわれる。指導にあたっては、個々の子どもの「実態を的確に把握し、個別に指導の目標や具体的な指導内容」を定めた「個別の指導計画」を作成する必要がある。個別の指導計画作成の手順をまとめると表5－4のようになる。

　特別の支援を必要とする子どもの教育を進めるにあたっては、指導をおこなうためのきめ細やかな計画である個別の指導計画だけでなく、教育機関が中心となって「家庭及び地域や医療、福祉、保健、労働等の業務を行う関係機関との連携を図り、長期的な視点で児童又は生徒への教育的支援を行う」ために「個別の教育支援計画」も作成しなければならない。その作成にあたっては、「関係機関等がそれぞれの役割分担の下、多面的に実態把握や情報収集を行い、必要とされる支援の目標や内容を決定」していくこととなる。その際、関係者間で個々の子どもの実態等

表5－4　個別の指導計画作成の手順

1	実態把握	障害の状態、発達や経験の程度、興味・関心、生活や学習環境などの実態を的確に把握する。
2	指導の目標（ねらい）の設定	実態把握に基づき、長期的及び短期的な観点から指導のねらいを設定し、それらを達成するために必要な指導内容を段階的に取りあげる。
3	具体的な指導内容の決定	主体的に取り組む指導内容、改善・克服の意欲を喚起する指導内容、遅れている側面を補う指導内容、自ら環境を整える指導内容の中から必要とする項目を選定し、それらを相互に関連づけ具体的に設定する。
4	評価	活動状況や結果を評価し、指導計画等の改善に生かす。

を的確に把握したり、共通に理解したりできるようにするため、国際生活機能分類（ICF）[2]の考え方を参考にすることも有効である（ICFの考え方については幼小中特支要領解説自立活動を参照されたい）。

さらに考えてみよう！

1994（平成6）年のサラマンカ宣言により、だれも排除することなく、すべての子どもを対象とする教育としてのインクルーブ教育の考え方が国際的に提唱された。また同年に日本が批准した子どもの権利条約では、差別禁止事由の1つに「障害」が明示され、障害のある子どもが「可能な限り社会への統合」に資する方法で、教育が実施されなければならないとされた。ところが、インクルーシブ教育を謳いながら「多様な学びの場」を用意している日本では、特別支援学校や特別支援学級という多様な学びの場で学ぶ子どもが年々増えつづけている[3]。インクルーシブ教育という名のもとでなにが起こっているのであろうか。

1. 個人のインペアメントに焦点化した日本のインクルーシブ教育

近年の障害者施策に関する国内外の動向は、単に障害者に関する制度が整えられたことにとどまらず、障害や障害者のとらえ方を根底から変えてきた。たとえば1975（昭和50）年に国連総会で採択された「障害者の権利に関する宣言」では、障害者とは、「先天性であると否とを問わず、その身体的又は精神的能力の不全のために、通常の個人的及び（又は）社会的生活の必要性を、全部又は一部、自分自身で確保することができない」人とされていた。障害は個人の能力不全であるとされ、障害者は病気や機能障害を重視する「医学モデル」でとらえられていた。

しかし障害者権利条約（2006〈平成18〉年）では、「障害者には、長期

的な身体的、精神的、知的又は感覚的な機能障害であって、様々な障壁との相互作用により他の者との平等を基礎として社会に完全かつ効果的に参加することを妨げ得るものを有する者を含む」とされるようになった。障害を「機能障害〔インペアメント〕のある人と態度及び環境に関する障壁との相互作用」と規定し、障害者はアメリカ障害学の「社会モデル」でとらえられるようになった[4]（堀2012　p.263）。

　他方、すでに述べたように特別支援教育では、関係機関で子どもの実態把握をおこなうにあたりICF（国際生活機能分類）の考え方が推奨されている。ICFは医学モデルと社会モデルの統合を標榜しており、障害者個人の適応と環境の変化の両方が問題解決のために必要であるという枠組みをもち、障害者の不利益の原因としてはインペアメントに焦点があてられている。そのため、実践において個人の適応や訓練によって障害問題を解決しようとする動きにとりこまれやすい（堀2012　p.265）。

2．共に学ぶ場の創造

　先述の「特別支援教育の推進」によれば、インクルーシブ教育システムでは「同じ場で共に学ぶことを追求する」と同時に、「『多様な学びの場』を用意しておくことが必要である」とされている。つまり日本では、インクルーシブ教育という名のもとに、同じ場で共に学ぶことの追求と多様な学びの場を用意するという施策が同時に進められている。

　サラマンカ宣言によって提唱されたインクルーシブ教育は、障害の有無だけを重視したものではない。子どもの身体的・知的・情緒的・言語的などの状態に関係なく、だれも排除せず、すべての子どもを対象とする教育を意味している。そして、「特別な教育的ニーズを持つ子どもたちは、彼らのニーズに合致できる児童中心の教育学の枠内で調整する、通常の学校にアクセス」しなければならないとしている。つまり特別な教育的ニーズを満たすための教育をおこなうのは「通常の学校」である

第 5 章　特別の支援を必要とする子どもの理解と支援方法

> **サラマンカ宣言（一部抜粋）**
> われわれは以下を信じ、かつ宣言する。
> ○すべての子どもは誰であれ、教育を受ける基本的権利をもち、また、受容できる学習レベルに到達し、かつ維持する機会が与えられなければならず、
> ○すべての子どもは、ユニークな特性、関心、能力および学習のニーズをもっており、
> ○教育システムはきわめて多様なこうした特性やニーズを考慮にいれて計画・立案され、教育計画が実施されなければならず、
> ○特別な教育的ニーズをもつ子どもたちは、彼らのニーズに合致できる児童中心の教育学の枠内で調整する、通常の学校にアクセスしなければならず、
> ○このインクルーシブ志向をもつ通常の学校こそ、差別的態度と戦い、すべての人を喜んで受け入れる地域社会をつくり上げ、インクルーシブ社会を築き上げ、万人のための教育を達成する最も効果的な手段であり、さらにそれらは、大多数の子どもたちに効果的な教育を提供し、全教育システムの効率を高め、ついには費用対効果の高いものとする。

注：日教組インクルーシブ教育推進委員会（2017）に掲載されている訳を用いた。

ことから、サラマンカ宣言におけるインクルーシブ教育とは、特別な教育的ニーズをもった子どもも他の子どもと共に通常の学校で学ぶ教育ということになる。この点において、多様な学びの場に子どもが分けられる日本の特別支援教育は、サラマンカ宣言で述べられているインクルーシブ教育とは言えない。

　それでは、多様な学びの場である特別支援学校などで学ぶ子どもが増加しているのは、多様な学びの場が用意されたからなのであろうか。たとえ多様な学びの場が用意されたとしても、それらを必要とする人がいなければ、そこで学ぶ子どもの数は増加の一途をたどらないはずである。

　特別支援教育では、自立活動の具体的な内容設定にあたり、たとえ

ば、「主体的に取り組み、成就感を味わうとともに自己を肯定的に捉えることができるような指導」「障害による学習上又は生活上の困難を改善・克服しようとする意欲を高めることができるような指導」「発達の遅れている側面を補うために、発達の進んでいる側面を更に伸ばすような指導」となるように配慮しなければならないとされている。「自己を肯定的に捉える」ようになるためには、あるがままの自分では不十分であり、インペアメントを個人の問題として引き受け、「自立を目指し、障害による学習上又は生活上の困難を主体的に改善・克服」しなければならないとされている。

　このように特別支援学校においても、できなさを克服し、力をつけてできるようになる教育がめざされているのであれば、通常の学校においても、同様の教育が展開されていることは想像に難くない。ましてや、通常の学校では学力競争に拍車がかかっているとなれば、特別の支援を必要とする子どもを通常の学校に通わせる際の保護者の不安の大きさは計り知れない。特別支援学校などで学ぶ子どもの数の増加は、通常の学校のあり様と無関係であるとは言えない。

　最後にサラマンカ宣言にもう一度、耳を傾けたい。サラマンカ宣言では、「特別な教育的ニーズを持つ子どもたちは、彼らのニーズに合致できる児童中心の教育学の枠内で調整する、通常の学校にアクセス」しなければならないとされている。通常の学校に通うことはもちろんであるが、通常の学校であればどのような学校であってもよいというわけではない。サラマンカ宣言では「彼らのニーズに合致できる児童中心の教育学の枠内で調整する」学校となっている。つまり共に学ぶ場は、通常の学校において、「特別な教育的ニーズを持つ子ども」から「ニーズ」を聴き、そのニーズを彼らの最善の利益を尊重して調整しながら創造するものであると言える。加えてこの調整のためには、通常の学校に通うすべての子どものニーズを子ども自身から聴く必要があることは言うまでもない。このようにして、だれもが排除されることなく通常の学校で学

べるように、通常の学校のあり方に調整を加えること、すなわち通常の学校のあり方を変える方向に進んでいくことこそが、インクルーシブ教育を推進することになるのである。

《注記》
(1) 障害者権利条約第2条において合理的配慮とは、「障害者が他の者との平等を基礎として全ての人権及び基本的自由を享有し、又は行使することを確保するための必要かつ適当な変更及び調整であって、特定の場合において必要とされるものであり、かつ、均衡を失した又は過度の負担を課さないものをいう」と定義されている。
(2) 2001（平成13）年にWHO（世界保健機関）が発表した人間の生活機能と障害を記述する「共通言語」と言われている。
(3) 特別支援教育が始まった2007（平成19）年、特別支援学校在学者数は108,173人、特別支援学級在籍児童生徒数は113,377人であった。2017（平成29）年には特別支援学校在学者数は141,944人、特別支援学級在籍児童生徒数は235,487人である（文部科学省「特別支援教育資料（平成29年度）」による）。
(4) 堀（2012）は、アメリカ障害学が問題にしている「社会的相互作用の中での排除や隔離」にとりくむ意義を軽視しているわけではないが、イギリス障害学のように障害を社会的障壁（あるいは抑圧）としてとらえ、「産業資本主義下での社会的生産関係が、健常者の障害への社会的排除の根幹にある」というように、障害が経済的社会的関係によって構築されていることを見失ってはならないと述べている。

《引用・参考文献》
日教組インクルーシブ教育推進委員会（2017）『インクルーシブのつぼみ――ともに育ちあい、学びあうための10の提言』アドバンテージサーバー
堀正嗣編著（2012）『共生の障害学――排除と隔離を超えて』明石書店

第6章 教育課程の意義およびこ編成の方法

> **考えてみよう！**

　同じ年齢の人であれば、日本のどこで育っていても、同じことを、同じ時期に、同じように学んでいます。なぜ、そのようなことができるのでしょうか？　これまでにあなたが過ごしてきた学校園における学習経験や生活経験を振り返って考えてみましょう。

この章の前半で学ぶこと
① 学校教育における教育課程の役割・機能・意義を理解する。
② 教育課程編成の基本原理、学校の教育実践に即した教育課程編成の方法を理解する。
③ 教科・領域・学年をまたいでカリキュラムを把握し、学校教育課程全体をマネジメントすることの意義を理解する。

1．教育課程とはなにか──役割・機能・意義

　教育課程は、もっとも適切な教育内容を選択し、内容相互の関連を図り、系統的・発展的に学習者の成長を図るよう編成したものであり、カリキュラムとも言う。歴史的にみた場合、教育課程は、準備され系統化された「教材」といったイメージから、学ぶ活動、さらにはその結果修得される学習の成果を中心とした、想定される「経験の蓄積」の体系と考えられるようになってきた。この意味で教育課程はかなり学習者の活動中心になってきたと言える。以下、現行小要領を用いて、教育課程の役割や学習指導要領の位置づけなどについてまとめていく。

(1) 学習指導要領の位置づけ

　現行学習指導要領は教育基本法と同様、今回より「前文」が付されている。前文では、これからの学校園には、教育基本法第1条の目的および第2条の目標（第3章参照）の達成をめざしつつ、「一人一人の児童が、自分のよさや可能性を認識するとともに、あらゆる他者を価値のある存在として尊重し、多様な人々と協働しながら様々な社会的変化を乗り越え、豊かな人生を切り拓き、持続可能な社会の創り手となることができるようにすること」（小要領）が求められている。その具体化として、「各学校において教育の内容等を組織的かつ計画的に組み立てた教育課程」がある。この教育課程は「よりよい学校教育を通してよりよい社会を創るという理念」を学校と社会で共有し、社会との連携および協働によって実現を図っていく「社会に開かれた教育課程」として位置づけられる。そして、その基準を「大綱的に定めるもの」が学習指導要領となる。

(2) 学習指導要領の改訂変遷

昭和22年版　　1947（昭和22）年3月、文部省（現、文部科学省）は、はじめての「学習指導要領一般編（試案）」を発行し、つづいて各教科編などを刊行した。これが、戦後はじめての文部省による教育課程の内容に関する系統的指針の提示となった。

　この要領は、教育課程の手引き（course of study）として編纂された。米国教育使節団報告書に基づき、文部省に教科課程改正準備委員会が発足し、新しい学制の出発に間に合うよう刊行された。「すべて民主主義的な基礎のうえにたつ」ことを原則とし、社会の要求、児童の要求に沿うことを強調した。その解説において、「この書は、学習の指導について述べるのが目的であるが、これまでの教師用書のように、一つの動かすことのできない道をきめて、それを示そうするような目的でつくられたものではない。新しく児童の要求と社会の要求とに応じて生まれた教

第6章　教育課程の意義および編成の方法

表6-1　学習指導要領の改訂年と実施年度

学習指導要領	改訂年 小	改訂年 中	実施年度 小	実施年度 中
昭和22年版			昭和22（1947）	昭和22（1947）
昭和26年改訂	昭和26（1951）	昭和26（1951）	昭和26（1951）	昭和26（1951）
昭和33年改訂	昭和33（1958）	昭和33（1958）	昭和36（1961）	昭和37（1962）
昭和43年改訂	昭和43（1968）	昭和44（1969）	昭和46（1971）	昭和47（1972）
昭和52年改訂	昭和52（1977）	昭和52（1977）	昭和55（1980）	昭和56（1981）
平成元年改訂	平成元（1989）	平成元（1989）	平成4（1992）	平成5（1993）
平成10年改訂	平成10（1998）	平成10（1998）	平成14（2002）	平成14（2002）
平成20年改訂	平成20（2008）	平成20（2008）	平成23（2011）	平成24（2012）
平成29年改訂	平成29（2017）	平成29（2017）	平成32（2020）	平成33（2021）

注：平成10年改訂では、学習指導要領のねらいの一層の実現の観点から2003（平成15）年12月に一部改正がおこなわれた。平成20年改訂では、「特別の教科 道徳」の実施のために、2015（平成27）年に一部改正がおこなわれた。なお、実施年度は全面実施年度をさす。

育課程をどんなふうに生かしていくかを教師自身が自分で研究していく手引きとして書かれたものである」と述べられた。

　小学校の教科は、国語・社会・算数・理科・音楽・図画工作・家庭・体育・自由研究の9教科となった。各教科の指導時間は、最小限の時間の提言はあるが、教員が1年の計画に従って配当するものであるとされた。社会科が広領域教科として新設され、家庭科が全児童の履修教科となった。また自由研究は、児童の成長そのものが教育目的であるという戦後教育改革の理念を表明するものであった。

昭和26年改訂　1949（昭和24）年、小学校、中学校、高等学校の教育課程に関する事項の調査審議をおこなう教育課程審議会が文部省に設けられた。同審議会の答申を受け、1951（昭和26）年7月、学習指導要領は全面的に改訂され、一般編と各教科編に分けて試案のかたちで刊行された。この時の改訂では、基本原理は従来の児童生徒の経験や生活をコアにして教育課程を組み立てるというコア・カリキュラムの立場が貫かれた。しかし、全体に説明が詳細になり、教員の指導の手がかりという性質が強化された。また自由研究も発展的に解消され、教科の学習で

は達成されない目標に対する諸活動を包括して教科以外の活動として例示された。なお、この改訂で「教科課程」という用語に代えて「教育課程」が用いられるようになった。

昭和33年改訂　1958（昭和33）年10月の小・中要領改訂によって、学習指導要領の性格が変わることになった。この要領は、文部省告示として官報に公示された。同時に、学校教育法施行規則を一部改正し、教育課程は文部大臣が公示する学習指導要領を「基準」とするとした。この時、「試案」という文字は消え、年間最低授業時数が教科ごとに細かく規定され、基準教育課程（curriculum）として位置づけられた。同時に新しく「道徳の時間」が登場し、教育課程は教科・道徳の時間・特別教育活動・学校行事の4領域からなると規定された。

またこの要領では、児童生徒の経験・生活を中心としてカリキュラムを構成した従来の考え方から、伝達される知識の系統性によってカリキュラムを構成するという系統主義の立場に移行した。これによって、基礎学力の充実、科学技術教育の向上が図られることになった。ここには、まず基礎的投資をおこない、そのうえで成長政策へと進展しようとした政策課題に応えるという性格が強く反映されていた。

昭和43年改訂　1968（昭和43）年7月の改訂は、当時アメリカでも爆発的な流行をみせていた「教科の現代化運動」の影響で、教育課程のさらなる系統化・構造化が図られた。「学問中心カリキュラム」の結果、教育内容の圧倒的増加、伝達される知識の低学年化が進んだ。同時に、書写学習、歴史学習に神話学習が導入された。教育課程の領域構成に関しては、この時、教科・道徳・特別活動の3領域構成となった。また表現においては「しなければならない」「するものとする」「することができる」などの類型化が進んだことも特徴と言える。

昭和52年改訂　1977（昭和52）年7月小・中要領は全面的に改訂された。前回の改訂から、「おちこぼれ」や「おちこぼし」が話題になり、カリキュラムに詰められた膨大な知識の質・量に、小・中学校の状況が

ついていけないという問題状況が指摘されていた。また、世界的にも石油ショックのあと、産業化を進めるよりも、人間としての豊かさを実現することを価値とするほうへ転換してきた。このことを受けて、教育にも「ゆとり」と「人間らしさ」を求める問題提起がなされた。この動向を受け、従来の知識中心、あるいは学問中心の教科カリキュラムのまま、「ゆとりのある充実した学校生活」が掲げられた。全体に授業時間が削減され、内容の取扱いにおける指導上の留意事項や指導法に関する事項の大幅な削除による「大綱化」と学校や教員の創意工夫の拡大、教育内容の「精選」、「個性や能力に応じた教育」が進められた。

平成元年改訂　1989（平成元）年３月の改訂は、前回改訂の要領の方向を受けて、さらに「生涯学習の基盤を培うという観点」に立ち、21世紀をめざし社会の変化にみずから対応できる心豊かな人間の育成を図ることを基本的なねらいとした。この改訂の原則は、「基礎基本の充実」と「個性尊重」であった[1]。また「思考力、判断力、表現力等の能力」や「自ら学ぶ意欲や主体的な学習の仕方」など現在の学習指導要領にある用語が登場し、体験的な学習や問題解決的な学習、「我が国の文化と伝統を尊重する態度の育成」などが重視された。この改訂で、小学校１・２年に理科・社会に代わって「生活科」が新設され、戦後約半世紀にわたって存続した社会科の姿が変化した。

平成10年改訂　1996（平成８）年の中央教育審議会（以下「中教審」）第一次答申「21世紀を展望した我が国の教育の在り方について」において、「21世紀を展望し、我が国の教育について、［ゆとり］の中で［生きる力］をはぐくむことを重視すること」が提言された。「生きる力」とは「いかに社会が変化しようと、自分で課題を見つけ、自ら学び、自ら考え、主体的に判断し、行動し、よりよく問題を解決する資質や能力」「自らを律しつつ、他人とともに協調し、他人を思いやる心や感動する心など、豊かな人間性」そして「たくましく生きるための健康や体力」などの要素からなるものとされた。

これを受けて、1998（平成10）年12月の改訂では、小学校3年生以上の各学年に「総合的な学習の時間」が創設され、各学年の年間総授業時数の縮減（各学年とも年間70単位時間〈第1学年にあっては68単位時間〉、週当たりに換算して2単位時間削減）、教育内容の3割削減、「個性を生かす教育」を推進するための多様化と選択制の拡大、小学校3年生以上における合科的な指導の推進などがおこなわれた。基礎・基本を確実に身につけさせ、みずから学び、みずから考える力などの「生きる力」の育成を進めた[2]。

　なお、2003（平成15）年には要領のねらいの一層の実現という観点から一部改正がおこなわれ、「過不足なく教えなければならない」という歯止め規定がなくなり、「発展的な学習内容」も教えることが可能となった。習熟度別指導、課題学習指導、補充・発展学習等の方法も例示され、「確かな学力」のもと、学力重視へと舵が切られた。

平成20年改訂　2008（平成20）年の改訂は、2006（平成18）年12月の教育基本法「改正」後の最初の改訂である。教育基本法「改正」にともない、学校教育法も改正された。前者では第2条の目標に「知・徳・体のバランス」を、後者では「基礎的な知識及び技能」「思考力、判断力、表現力その他の能力」「主体的に学習に取り組む態度」の調和を法律上規定した。その影響がこの改訂にもみられ、前回改訂で掲げられた「生きる力」の育成は、「確かな学力・豊かな人間性・健やかな体」の調和としてさらに推進されることになった。

　また、2008（平成20）年1月の中教審答申[3]では、この改訂での「確かな学力」は、OECD（経済協力開発機構）のPISA調査の概念枠組みの基本とされる「キー・コンピテンシー」[4]にも関連づけられている。それによって「確かな学力」は三層構造をもって提唱された。三層構造とは、基礎的・基本的な「知識・技能」の習得、知識・技能を活用して課題を解決するために必要な「思考力・判断力・表現力」等、学習「意欲」である。

表6-2　学習指導要領等の改善の論点

①「何ができるようになるか」（育成を目指す資質・能力）
②「何を学ぶか」（教科等を学ぶ意義と、教科等間・学校段階間のつながりを踏まえた教育課程の編成）
③「どのように学ぶか」（各教科等の指導計画の作成と実施、学習・指導の改善・充実）
④「子供一人一人の発達をどのように支援するか」（子供の発達を踏まえた指導）
⑤「何が身に付いたか」（学習評価の充実）
⑥「実施するために何が必要か」（学習指導要領等の理念を実現するために必要な方策）

注：小解説総則に記載されている事項を表にした。

　その他の特徴としては、授業時数（年間35単位時間）の増加や土曜日の活用、小学校5・6年生における外国語活動の導入、教育課程特例校[5]の設置、情報教育・環境教育・ものづくり・キャリア教育・食育・安全教育、などがある。

平成29年改訂　2016（平成28）年12月21日の中教審答申[6]では、「よりよい学校教育を通じてよりよい社会を創る」という目標、「社会に開かれた教育課程」の実現、「学びの地図」としての学習指導要領などが示され、6つの改善の論点（表6-2）が掲げられた。

　これを受けて、2017（平成29）年3月31日に幼・小・中要領が、同年4月28日に特別支援学校幼稚部教育要領、特別支援学校小学部・中学部学習指導要領が改訂された。この改訂では、「子供たちに求められる資質・能力とは何かを社会と共有し、連携する『社会に開かれた教育課程』を重視すること」などを改訂の基本的な考え方とするとともに、それが社会で広く共有されるよう新たに「前文」を設けた。また上記の基本的な考え方のもと、「生きる力」をより具体化した、育成を目指す資質・能力（第10章参照）の明確化をおこない、「主体的・対話的で深い学び」の実現に向けた授業改善（アクティブ・ラーニングの視点に立った授業改善）を進め、各学校におけるカリキュラム・マネジメントの推進を示した。

　その他の特徴としては、①資質・能力の育成を目指す「主体的・対話

的で深い学び」、②カリキュラム・マネジメントの充実、③児童の発達の支援、家庭や地域との連携・協働、の3つがあげられている。具体的なとりくみとしては、言語活動・体験活動・ICT等を活用した学習活動の充実、情報手段の基本的な操作の習得やプログラミング教育の重視、障害のある子ども・帰国子女・日本語の習得に困難を抱える子ども・不登校の子どもなど特別な配慮を必要とする子どもへの指導、小学校第3・4学年の「外国語活動」および第5・6学年の「外国語科」の新設、などである。

　また道徳に関しては、この改訂に先立ち、2015（平成27）年3月27日に小・中学校および特別支援学校小学部・中学部の学習指導要領の一部改正がおこなわれ、小学校および特別支援学校小学部は2018（平成30）年4月1日から、中学校および特別支援学校中学部は2019（平成31）年4月1日から全面実施された（第7章参照）。

2．教育課程の編成

（1）基本原理──スコープ、シークエンス、レディネス

　教育課程を編成しようとする時、なにを、どのような順序で教えるかが問われてくる。一般に「なにを」とは「教育内容の領域」をさし、スコープと呼ばれ、「どのような順番で」とは「教育内容の配列」をさし、シークエンスと呼ばれる。

　教科カリキュラムの場合、スコープは学問や法則となり、シークエンスは基本的に学問や法則などの教科の論理に拠っている。そのため、シークエンスへの配慮は必然的に弱くなり、単純から複雑へ、具体から抽象へ、という知識等の配列が一般的である。これに対して、経験カリキュラムの場合、スコープは「生活経験」そのものとなり、シークエンスは経験領域の拡大、具体的操作から抽象的操作、あるいは直接的経験から間接的経験へなどの広がりを想定することになる。

また、スコープもシークエンスも、学習者が一定の学習に対して適合的であることを前提にしている。このように、学習者が一定の学習への必要条件を用意している状態をレディネスと言う。かつては、レディネスは学習の前提条件と考えられ、早すぎる学習も、遅すぎる学習も効果がないとされてきた。しかし現在では、効果的学習が成立する最適期は学習条件そのものによって創り出すことができるというヴィゴツキー（Vygotsky, L.S.）の「発達の最近接領域」説や、レディネスは創り出すものという考え方（ブルーナー『教育の過程』）もある。

（2）教育課程の編成の主体と原則

　小要領では、「各学校においては、教育基本法及び学校教育法その他の法令並びにこの章以下に示すところに従い、児童の人間として調和のとれた育成を目指し、地域や学校の実態及び児童の心身の発達の段階や特性を十分考慮して、適切な教育課程を編成するもの」として、教育課程編成における学校の主体性を発揮するよう規定している。

　学校における教育課程編成は、学校教育法第37条4項「校長は、校務をつかさどり、所属職員を監督する」と規定されており、校長が責任者として編成することになっている。小解説総則では、「校長は、学校全体の責任者として指導性を発揮し、家庭や地域社会との連携を図りつつ、学校として統一のある、しかも一貫性をもった教育課程の編成を行うように努めること」が必要であるとしている。さらに小解説総則では、教育課程の編成作業は全教職員の協力のもとにおこなわれなければならないとし、「学級や学年の枠を越えて教師同士が連携協力すること」がますます重要であると指摘している。

　教育課程編成の原則は次の2点である。1点は「教育基本法及び学校教育法その他の法令並びに学習指導要領の示すところに従うこと」である。教育基本法第16条において「教育は、不当な支配に服することなく、この法律及び他の法律の定めるところにより行われるべきもの」と

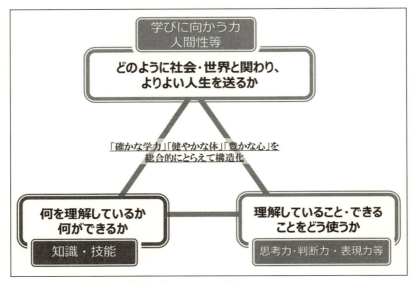

図6−1　育成すべき資質・能力の三つの柱
注：文部科学省ホームページ「育成すべき資質・能力の三つの柱」より転載。

あるように、教育課程の編成においても法令遵守が原則となる[7]。

2点は「児童の人間として調和のとれた育成を目指し、児童の心身の発達の段階や特性及び学校や地域の実態を十分考慮すること」である。「児童の人間として調和のとれた育成」とは、知・徳・体のバランスのとれた「生きる力」の育成、資質・能力の柱（図6−1）のバランスのとれた育成、幼児期の教育と小学校教育などの学校段階等間の接続に応じた調和のとれた育成のことである。また低学年・中学年・高学年などの子どもの発達の段階に応じた課題をふまえ、子ども一人ひとりの能力・興味・性格などをとらえ、支援していくこと、学校の規模、教職員や施設設備等の状況などの人的または物的な体制の実態を十分考慮し、地域住民による連携や協働の体制にかかわる状況を把握・分析して、教育課程の編成に生かすことである。

3．カリキュラム・マネジメントの意義と理解

　カリキュラム・マネジメントとは、小要領によれば、各学校が「児童や学校、地域の実態を適切に把握し、教育の目的や目標の実現に必要な教育の内容等を教科等横断的な視点で組み立てていくこと、教育課程の実施状況を評価してその改善を図っていくこと、教育課程の実施に必要な人的又は物的な体制を確保するとともにその改善を図っていくことなどを通して、教育課程に基づき組織的かつ計画的に各学校の教育活動の質の向上を図っていくこと」である。

　カリキュラム・マネジメント、またその評価・改善の基本的な考え方は、①校長を中心とし、教科等の縦割りや学年を越えて、学校全体でとりくんでいくことができるよう、学校の組織および運営についても見直しを図ること、②そのためには、管理職だけでなくすべての教職員がその必要性を理解し、日々の授業等についても、教育課程全体の中での位置づけを意識し、とりくむこと、③各学校の子どもの姿や地域の実情と教育内容を照らし合わせ、効果的な年間指導計画のあり方や、授業時間や週時程のあり方などについて、校内研修などをつうじて研究を重ねていくこと、である。

　なお、①から③の項目の趣旨をふまえて、学校において実際に教育課程の編成や改善にとりくむ際の手順の一例が小解説総則に掲載されている。また、2017（平成29）年の「小学校におけるカリキュラム・マネジメントの在り方に関する検討会議報告書」には、カリキュラム・マネジメントのうち、とくに「時間」という資源をどのように教育内容と効果的にくみあわせていくのかを検討する際の参考となるよう、時間割編成にあたっての基本となる考え方、授業時数確保に向けて考えられる選択肢と必要となる条件整備などのポイントが整理されている。教科等横断的な視点で教育の内容を編成する例についても、伝統や文化、主権者、消費者、法、知的財産、郷土や地域、海洋、環境放射線、生命の尊重、

表6－3　放射線に関する教育（現代的な諸課題に関する教科等横断的な教育内容）

本資料は、小・中学校学習指導要領における「放射線に関する教育」について育成を目指す資質・能力に関連する各教科等の内容のうち、主要なものを抜粋し、通覧性を重視して掲載したものです。各学校におかれては、それぞれの教育目標や児童／生徒の実態を踏まえた上で、本資料をカリキュラム・マネジメントの参考としてご活用ください。

総則	第2の2 (2) 各学校においては、児童／生徒や学校、地域の実態及び児童／生徒の発達の段階を考慮し、豊かな人生の実現や災害等を乗り越えて次代の社会を形成することに向けた現代的な諸課題に対応して求められる資質・能力を、教科等横断的な視点で育成していくことができるよう、各学校の特色を生かした教育課程の編成を図るものとする。

※総則は小学校・中学校の共通部分を抜粋。

	国語科	社会科	特別の教科 道徳
小学校	〔第1学年及び第2学年〕 〔知識及び技能〕 (2) 話や文章に含まれている情報の扱い方に関する次の事項を身に付けることができるよう指導する。 ア　共通、相違、事柄の順序など情報と情報との関係について理解すること。 〔第3学年及び第4学年〕 〔知識及び技能〕 (2) 話や文章に含まれている情報の扱い方に関する次の事項を身に付けることができるよう指導する。 ア　考えとそれを支える理由や事例、全体と中心など情報と情報との関係について理解すること。 〔第5学年及び第6学年〕 〔知識及び技能〕 (2) 話や文章に含まれている情報の扱い方に関する次の事項を身に付けることができるよう指導する。 ア　原因と結果など情報と情報との関係について理解すること。	〔第4学年〕 (2) 人々の健康や生活環境を支える事業について、学習の問題を追究・解決する活動を通して、次の事項を身に付けることができるよう指導する。 ア　次のような知識及び技能を身に付けること。 (ｱ)飲料水、電気、ガスを供給する事業は、安全で安定的に供給できるよう進められていることや、地域の人々の健康な生活の維持と向上に役立っていることを理解すること。 イ　次のような思考力、判断力、表現力等を身に付けること。 (ｱ)供給の仕組みや経路、県内外の人々の協力などに着目して、飲料水、電気、ガスの供給のための事業の様子を捉え、それらの事業が果たす役割を考え、表現すること。	C 主として集団や社会との関わりに関すること ［公正、公平、社会正義］ 〔第1学年及び第2学年〕 自分の好き嫌いにとらわれないで接すること。 〔第3学年及び第4学年〕 誰に対しても分け隔てをせず、公正、公平な態度で接すること。 〔第5学年及び第6学年〕 誰に対しても差別をすることや偏見をもつことなく、公正、公平な態度で接し、正義の実現に努めること。

注：小学校学習指導要領（平成29年告示）解説総則編に記載されている事項を編集した。なお、中学校では、国語科、理科、技術・家庭科、保健体育科、特別の教科 道徳の6教科による横断的な教育内容が例示されている。ここでは省略する。

心身の健康の保持増進、食、防災の、それぞれに関する資料が小解説総則付録6に付されている。その中から放射線に関する教育について表を作成し示しておく（表6－3）。

　最後に、カリキュラム・マネジメントと主体的・対話的で深い学び（アクティブ・ラーニング）との関連について説明しておく[8]。前者は「学校の組織力を高める観点から、学校の組織及び運営について見直しを迫るもの」である。対して、後者は「形式的に対話型を取り入れた授業や特定の指導の型を目指した技術の改善に留まるものではなく、子供たちの質の高い深い学びを引き出すことを意図するものであり、さらに、それを通してどのような資質・能力を育むかという観点から、学習の在り方そのものの問い直しを目指すもの」とされる。つまり、前者は組織運営の改善のためのものであり、後者は授業改善のためのものである。両者は「学校の全体的な改善を行うための鍵となる二つの重要な概念として位置付けられるもの」であり、「相互の連動を図り、機能させること」が重要となる。

さらに考えてみよう！

　教育課程の編成は、学校全体の責任者である学校長を中心にして、家庭や地域社会との連携を図りつつ、教職員の連携協力によっておこなわれていくものである。2学期制を導入する小・中学校もあるが、そのような小・中学校のある自治体では、校長の権限で学期制を選べるようにしている。教育課程は校長の権限のもと、どこまで自由に編成できるのであろうか。

1．教育課程編成の可能性

　歴史をひもとくと、かつてはユニークな教育活動を編成したとりくみ

が散見される。たとえば、戦後、学習指導要領が「試案」であった時は、一種のカリキュラム・ブームが巻き起こった。新設された社会科や自由研究でおこなわれたコア・カリキュラム運動や、学校と教育研究者が共同して独自のプランを作成・実施した地域教育計画運動である。

　現代で言うならば、伊那市立伊那小学校などの総合学習の実践や、日本で一番自由な学校として知られる、きのくに子どもの村学園（以下「きのくに」）のとりくみがある。

　伊那小には、時間割もチャイムも通知表もない。伊那小の特色である総合学習は1977（昭和52）年度に低学年でとりくまれ、翌1978（昭和53）年度から全学年のとりくみへ発展した。1998（平成10）年学習指導要領における「総合的な学習の時間」の20年前から、「内から育つ」を掲げ、子どもの意欲や発想を基盤におく総合学習がおこなわれていた。総合学習のテーマは子どもが決める。たとえば、小学1年生から3年生までテーマにした「豚を育てる」では、土づくり、野菜の栽培、野菜の販売による飼料代の確保、飼育、繁殖用として出荷までおこなった。このように、子どもの活動を核にすることで、時間割等がない教育課程が編成されている。

　きのくにには、時間割（表6－4）[9]はあるが、教科と学年はない。それでも、学習指導要領に沿った教育課程を編成している。教育課程の編成原理は、自己決定＝自由、個性化、体験学習の3つである。とくに、週14時間あるプロジェクトはこの3つの原則が調和的に編成されている。それは、農業や大工仕事などの実際的な仕事を教育内容の中心に据え、創造的な思考の態度と能力を伸ばすとともに、自治や共同生活をとおして社会生活の術を育んでいる。またミーティングは、プロジェクトの活動や日常生活の困ったこと、ルール作成やイベントの計画など、みんなで話しあいをもって決めていく場である。自分のこと、自分たちのことにかかわることは自分で、自分たちで決めることになっている。

　これからの教育課程は、今まで以上に学校長の指導性、教職員の協

表6－4　きのくに子どもの村学園小学校の時間割

時間帯	月	火	水	木	金
8:55～9:05		ユースフルワーク	ユースフルワーク	ユースフルワーク	ユースフルワーク
1・2時間目 9:10～10:40		基礎学習	プロジェクト	プロジェクト	自由選択 5・6年生外国語
3・4時間目 11:00～12:35	プロジェクト	自由選択	プロジェクト	プロジェクト	基礎学習 全校ミーティング
5・6時間目 13:40～15:10	基礎学習	自由選択	プロジェクト	基礎学習	プロジェクト

注：プロジェクト＝週14時間、基礎学習＝7時間、クラスの枠を超えておこなう自由選択＝週6時間、全校ミーティング。2018（平成30）年度現在、プロジェクトは、「劇団きのくに」（表現）・「工務店」（木工、園芸）・「おもしろ料理店」（食の研究）・「ファーム」（農業）・「クラフト館」（やきもの、木工）の5つである。

働、家庭や地域社会との連携が求められていく。カリキュラム・マネジメントは、たとえば、「児童や学校、地域の実態を適切に把握し、教育の目的や目標の実現に必要な教育の内容等を教科等横断的な視点で組み立てていくこと」としていた。子どもは学校や地域と並列のかたちでその実態の適切な把握に位置づけられている。それに対し、伊那小やきのくには、子どもを中心に据え、子どもの実態から教育活動を構想し、柔軟にしてユニークな教育課程を編成していた。だれにとっての教育課程なのか、だれのための教育課程の編成なのかが問われている。

2．教育課程編成の限界

　公教育で示される教育内容は、子どもによってどのように理解されるのであろうか。教員が十分に教材研究し、授業へのぞめば、子どもはその時の授業内容を教員が想定するように理解できるのであろうか。
　子どもは、家庭や、地域、友だちや、学校外の生活環境にとり囲まれて生活している。学校にあっても、意図されていない子ども同士の関係、教員と子どもの関係、あるいはその価値観や行動様式によって影響を受けつつ生活している。教員の側からすれば、自身が意識できない、

その社会固有の価値や伝統的な文化の「形」のようなものを伝達しているかもしれない。たとえば、「君」と「さん」という呼称の区別や男子優先名簿などが男女の違いを無意識のうちに子どもへ伝達してきた。また、伝達というのは、相手によって相手のその時点でもつ知識や経験によって解釈され、時にまったく別の文脈で了解されることもある。

このように、学校の、公式の、一連の系統化された教育内容（教育課程）である顕在的カリキュラムに対し、上記のような無意図的・非組織的に経験される教育内容を潜在的カリキュラム、一般的に隠れたカリキュラム（ヒデュン・カリキュラム）と言う。この隠れたカリキュラムに注目し、それが子どもにどのような影響を与えているのかを見定めることも重要である。

しかし、隠れたカリキュラムを網羅し、教育課程として編成すればよいのかというと、そうではない。福田恆存（1987）は「教育においてもっとも大切なことは、すべてを意識化してはならぬといふこと、またそんなことはできぬと諦めること」（pp.304-305）であると言った。教育は教育する者と教育される者による関係を基盤とする。お互いを尊重し、信頼する関係であるならば、一方が実態を把握し、計画・実践し、それに他方が合わせるだけというのは不合理と言えよう。そうであるならば、隠れたカリキュラムを網羅し、教育しきる、教育し尽くそうとすることに厳に禁欲的でなければならない。

《注記》
(1) なお、この改訂は臨時教育審議会（臨教審）の答申を受けて、自由化・国際化・情報化・多様化の方針が教育課程の編成においても配慮された。臨教審は1984（昭和59）年8月、第二次中曽根康弘内閣にて設置された内閣総理大臣直属の諮問機関である。「二十一世紀を展望した教育の在り方」「社会の教育諸機能の活性化」「初等中等教育の改革」「高等教育の改革」の4部会からなり、第一次答申「我が国の伝統文化、日本人としての自覚、六年制中等学校、単位制高等学校、共通テスト」（1985〈昭和60〉年6月）、第二次答申「初任者研修制度の創設、現職研修の体系化、適格性を欠く教師の排除」（1986〈昭和61〉年4

第 6 章　教育課程の意義および編成の方法

月)、第三次答申「教科書検定制度の強化、大学教員の任期制」(1987〈昭和 62〉4月)、第四次最終答申「個性尊重、生涯学習、変化への対応」(1987〈昭和 62〉年8月)の4つの答申を出し、3年の活動を経て解散した。メンバーは、大学学長、大学教員、財界人、官僚 OB からなる 25 名であった。
(2) なお、これ以降、岡部恒治・戸瀬信之・西村和雄 (1999)『分数ができない大学生』(東洋経済新報社) の出版を機に学力低下が指摘され、「ゆとり教育」を擁護する者、学力の階層間格差を指摘する者、「学びからの逃走」に危機感をもつ者などによる「学力低下」および「ゆとり教育」の真偽や賛否の論争が展開された。
(3) この答申は、「幼稚園、小学校、中学校、高等学校及び特別支援学校の学習指導要領等の改善について (答申)」のことである。
(4) コンピテンシーとは、「単なる知識や技能だけではなく、技能や態度を含む様々な心理的・社会的なリソースを活用して、特定の文脈の中で複雑な要求 (課題) に対応することができる力 (能力)」のことを言う。キー・コンピテンシーの3つのカテゴリーは、①社会・文化的、技術的ツールを相互作用的に活用する能力 (個人と社会との相互関係)、②多様な社会グループにおける人間関係形成能力 (自己と他者との相互関係)、③自律的に行動する能力 (個人の自律性と主体性) である。
(5) 文部科学大臣の指定による特例措置として学習指導要領等によらない教育課程を編成して実施することが可能となった。たとえば、従来教科等の時数の削減による新教科等の設置、英語科以外の教科での英語による授業の実施、小・中・高の一貫教育など。2017 (平成 29) 年4月1日現在で、指定件数 318 件、指定学校数 3,182 校である。
(6) この答申は、中教審が 2014 (平成 26) 年 11 月に文部科学大臣より諮問を受け、2016 (平成 28) 年 12 月 21 日に答申した「幼稚園、小学校、中学校、高等学校及び特別支援学校の学習指導要領等の改善及び必要な方策等について (答申)」のことである。
(7) 学習指導要領は学校教育法第 33 条を受けた同法施行規則第 52 条において「小学校の教育課程については、この節に定めるもののほか、教育課程の基準として文部科学大臣が別に公示する小学校学習指導要領によるものとする」とあるように、法令上の根拠に基づいて定められている。そのため、解説では、「学習指導要領は、国が定めた教育課程の基準であり、各学校における教育課程の編成及び実施に当たって基準として従わなければならないもの」と位置づけられている。
(8) 2015 (平成 27) 年9月 14 日 (月) 初等中等教育分科会 (第 100 回) で配布された「資料 1-1　教育課程企画特別部会　論点整理」中の「4. 学習指導要領等の理念を実現するために必要な方策」を参考にし、適宜引用する。
(9) 出典は、きのくに子どもの村学園ホームページ内の小学校 http://www.

kinokuni.ac.jp/nc/html/htdocs/?page_id=71（2019 年 4 月 1 日）である。

《引用・参考文献》
伊那小学校（1980）『内から育つ子ら――小学校低学年における総合学習の展開』信濃教育会出版部
大田　堯（2017）『大田堯自撰集成補巻　地域の中で教育を問う〈新版〉』藤原書店
尾崎ムゲン（1999）『日本の教育改革――産業化社会を育てた 130 年』中央公論新社
田中耕治編（2018/2009）『よくわかる教育課程　第 2 版』ミネルヴァ書房
福田恆存（1987）「教育・その本質」『福田恆存全集』第 4 巻　文藝春秋
堀真一郎（2019）『新装版 増補・自由学校の設計――きのくに子どもの村の生活と学習』黎明書房

第7章 道徳の理論と指導法

考えてみよう！

「道徳」という言葉を聞いてなにを連想しますか？ また道徳を「教える」とは、教員や子どもにとって、どのような営みなのでしょうか？ これまでにあなたが過ごしてきた学校園における学習経験や生活経験を振り返って考えてみましょう。

この章の前半で学びたいこと
① 道徳の意義や原理をふまえ、道徳教育の目標や内容を理解する。
② 学校の教育活動全体をつうじておこなう道徳教育、また、「特別の教科 道徳」（以下「道徳科」）における指導計画や指導方法を理解する。

1．道徳の理論

ここでは道徳と道徳教育について述べることになるが、「子供の心の成長と道徳性の発達」については第4章を参照されたい。

(1) 道徳とは

教育思想事典によれば、道徳は「人間の行為や性格を人間や他の生命体との諸関係のなかで『よい・わるい』『正しい・不正な』等として評価するときの基準（規則・原理）、あるいはその基準をめぐる評価的言説や行動の総体」と定義されている。ここからは、道徳の本質を探ろうとすればきわめて広範囲で、かつ、深い議論が求められることがわか

る。そのためここでは、学習指導要領において道徳科で扱うことが求められている4項目を提示しておくにとどめる。

4項目とは、自主や節度、向上心といった「A　主として自分自身に関すること」、思いやりや礼儀、友情といった「B　主として人との関わりに関すること」、遵法精神や公正、社会参加といった「C　主として集団や社会との関わりに関すること」、生命の尊さや自然愛護、感動といった「D　主として生命や自然、崇高なものとの関わりに関すること」である。

(2) 道徳教育の歴史と対応すべき課題

戦前の学校教育では、現在の道徳科に相当するものは「修身」であった。修身は、筆頭教科に位置づけられており、「教育ニ関スル勅語」[1]をよりどころにして国民道徳の実践と徳性の涵養を目的としていた。戦後、GHQ（連合国軍最高司令官総司令部）は、軍国主義に加担したとして、日本歴史や地理とともに修身を停止するよう命じた。その後、学校における道徳教育は、教育活動の全体をとおしておこなうこととされていたが、必ずしも期待する効果をあげているとは言えなかった。そこで1958（昭和33）年の学習指導要領の改訂にあたり、学校の教育活動全体をとおしておこなう道徳教育を補充・深化・統合するための時間として「道徳の時間」が特設されることになった。

その後、道徳教育のさらなる充実に向けて、2013（平成25）年の「今後の道徳教育の改善・充実方策について（報告）」（道徳教育の充実に関する懇談会）、2014（平成26）年の「道徳に係る教育課程の改善等について（答申）」（中央教育審議会）を受けて、文部科学省は、2015（平成27）年に学校教育法施行規則の一部改正、小・中学校学習指導要領の一部改正をおこない道徳科が新設された。

道徳教育において対応すべき課題は多岐にわたるが、なかでもいじめ問題への対応が重要である。なぜなら、子どもが「こうした現実の困難

な問題に主体的に対処することのできる実効性のある力を育成していく上で、道徳教育も大きな役割を果たすことが強く求められ」（中解説道徳）ているからである。

　道徳教育が対応すべきもう1つの大きな課題は、情報化社会の倫理、法の理解と遵守といった情報モラルに関するものである。なぜなら、「社会の情報化が進展する中で、生徒は、学年が上がるについて、次第に情報機器を日常的に用いる環境の中に入っており、学校や生徒の実態に応じた対応が学校教育の中で求められる」（中解説道徳）からである。

(3) 学習指導要領における道徳教育・道徳科の目標と内容

　以下では、中要領から、道徳教育と道徳科の目標、および、道徳科の内容を記す。なお「道徳教育の内容」については、紙幅の関係で、すでに述べた4項目に分けて記すにとどめる。

道徳教育の目標

　教育基本法及び学校教育法に定められた教育の根本精神に基づき、人間としての生き方を考え、主体的な判断の下に行動し、自立した人間として他者と共によりよく生きるための基盤となる道徳性を養う。

道徳科の目標

　よりよく生きるための基盤となる道徳性を養うため、道徳的諸価値についての理解を基に、自己を見つめ、物事を広い視野から多面的・多角的に考え、人間としての生き方についての考えを深める学習を通して、道徳的な判断力、心情、実践意欲と態度を育てる。

道徳科の内容

A　主として自分自身に関すること：
　　［自主、自律、自由と責任］［節度、節制］［向上心、個性の伸長］
　　［希望と勇気、克己と強い意志］［真理の探究、創造］
B　主として人との関わりに関すること：
　　［思いやり、感謝］［礼儀］［友情、信頼］［相互理解、寛容］

C 主として集団や社会との関わりに関すること：
［遵法精神、公徳心］［公正、公平、社会正義］［社会参画、公共の精神］［勤労］［家族愛、家庭生活の充実］［よりよい学校生活、集団生活の充実］［郷土の伝統と文化の尊重、郷土を愛する態度］［我が国の伝統と文化の尊重、国を愛する態度］［国際理解、国際貢献］

D 主として生命や自然、崇高なものとの関わりに関すること：
［生命の尊さ］［自然愛護］［感動、畏敬の念］［よりよく生きる喜び］

2．道徳の指導法

（1）学校教育における道徳教育

　道徳教育を推進する際のポイントを6点に分けて述べる。1点は、校長による明確な方針に基づき、道徳教育推進教師（＝道徳教育の推進を主に担当する教師）を中心として、全教員が協力して指導にあたるという指導体制を構築することである。2点は、道徳教育の目標を達成するため、理念だけで終わることなく、具体的な指導につながるように創意工夫された全体計画を作成することである。3点は、各教科等がそれぞれの目標を達成する過程で、子どもの道徳性を育むために求められる指導の基本方針や配慮事項を明確にすることである。

　4点は、各学校の実態をふまえ、社会的な要請や今日的課題を考慮しながら指導内容の重点化を図ることである。5点は、学校や学級内の人間関係や環境を整えたうえで、体験活動を充実させること、また、いじめの防止や安全の確保などを視野に入れたうえで、道徳教育の指導内容が子どもの日常生活に生かされるようにすることである。6点は、道徳教育に関わる情報を発信し、家庭や地域社会との連携を図ることである。

　なお、具体的な指導計画の作成にあたっては、中要領の第3章3、および、中解説道徳の第4章1節を参照されたい。

（2）道徳科の特質を生かした指導方法

　道徳科における指導の基本方針を6点に分けて述べる。1点は、道徳科が、内面的資質としての道徳性を主体的に養っていく時間であるという特質を理解することである。2点は、道徳科の指導では、教員と子どもの信頼関係や温かい人間関係が基盤になっていることである。3点は、子どもが、道徳的価値を内面的に自覚できるよう指導方法を工夫することである。

　4点は、年齢による発達段階だけでなく、それぞれの子どもの個人差にも応じた指導を工夫することである。5点は、子どもが、実際の生活において直面する葛藤場面を想定した問題解決学習や、子どもの心に響く指導としての体験的な活動を活用することである。6点は、道徳科の指導を計画的に推進し、授業を魅力的なものにするため、道徳教育推進教師を中心とした指導体制を充実させることである。

（3）授業設計における教材の活用

　道徳科では多様な教材の活用が求められているが、中要領では具体的な題材として、「生命の尊重、社会参画、自然、伝統と文化、先人の伝記、スポーツ、情報化への対応等の現代的な課題」があげられている。教材の開発にあたっては、子どもの「興味を引くことのみに留意するのではなく、道徳科の教材として具備すべき要件を踏まえ、（略）授業での活用を視野に入れた工夫」（中解説道徳）が求められる。また教材の活用にあたっては、道徳科の目標や特質の点からふさわしいものであることは言うまでもないが、公教育の一貫としての指導であることから、教育基本法や学校教育法その他の法令に沿ったものでなければならない。

（4）学習指導案の作成

　道徳科の学習指導案とは、「教師が年間指導計画に位置付けられた主

題を指導するに当たって、生徒や学級の実態に即して、教師自身の創意工夫を生かして作成する具体的な指導計画案」（中解説道徳）のことである。学習指導案の形式に決まった基準はないが、中解説道徳によると、「ねらいを検討する、指導の重点を明確にする、教材を吟味する、学習過程を構想する、学習指導案作成上の創意工夫」という手順にしたがって、「主題名、ねらいと教材、主題設定の理由、学習指導過程、その他」というような内容が記載される。そして道徳科の特質を生かすために、「導入、展開、終末」という学習過程の各段階において多様な工夫をすることが求められている。

実際の場面では、さまざまな条件に応じて学習指導をしていく必要があるため、柔軟な発想をもつことが大切である。中解説道徳では、「多様な教材を生かした指導」「体験の生かし方を工夫した指導」「各教科等との関連をもたせた学習の指導」「道徳科に生かす指導方法の工夫」という4つの学習指導が紹介されている。とくに「道徳科に生かす指導方法の工夫」であげられている、教材の提示、発問、話合い、書く活動、表現活動、板書、説話などの指導方法を工夫し、学習指導案の作成に反映させる必要がある。

なお指導案の具体的な事例は、文部科学省「道徳教育アーカイブ」の「実践事例について」[2]を参照されたい。

（5）学習評価のあり方

道徳科の評価をめぐるポイントを5点に分けて述べる。1点は、学習状況を分析的にとらえるのではなく、一定のまとまりの中で評価することである。2点は、他の子どもとの比較ではなく個人内評価とし、それを数値ではなく記述式で評価することである。3点は、評価のために、作文やレポート、スピーチやプレゼンテーションなどさまざまな工夫をすることである。4点は、評価の妥当性や信頼性などを担保するため、個々の教員が個人としておこなうのではなく、学校として組織的・計画

的におこなうことである。5点は、評価に際して、発達障害などのある子どもや海外から帰国した子ども、日本語習得に困難のある子どもなどに必要な配慮をすることである。

(6) 模擬授業をとおした授業改善の視点

　模擬授業とは、学生が授業をする側（ティームティーチングなどを除き基本的には1名）と授業を受ける側（ある程度の集団）に分かれ、みずから作成した学習指導案に沿って実際に授業をおこなうことである。その目的は、参加者による模擬授業の振り返りをとおして、実践的な指導力を身につけることである。しかし、ただ漠然と意見交換をしても実りは少ない。そこで授業改善の視点として有効であると思われる6点を示す。

　1点は、道徳科の特質を生かし、その目標を達成するために適切に構成された学習指導過程となっていたか、また、指導の手立てはねらいに即したものであったか。2点は、指導の意図に基づく的確な発問であったか。3点は、発問に対する子どもの発言などに受容的・共感的な態度で受け止め、それらを適切に指導に生かしたか。4点は、教材や教具の活用は適切であったか。5点は、子どもの実態や発達段階にふさわしい指導法になっていたか。6点は、配慮を要する生徒に適切に対応していたか。

さらに考えてみよう！

　いじめ防止対策推進法第15条1項には、「学校の設置者及びその設置する学校は、児童等の豊かな情操と道徳心を培い、心の通う対人交流の能力の素地を養うことがいじめの防止に資することを踏まえ、全ての教育活動を通じた道徳教育及び体験活動等の充実を図らなければならない」と記されている。この条文から、いじめを防止するために「道徳教

育及び体験活動等」を充実させるという考え方がみてとれる[3]。はたして道徳教育は、いじめ防止にとって有効な手段となり得るのであろうか。また道徳教育をとおして、子どもの心に働きかけることに問題はないのであろうか。

1．いじめ防止対応としての道徳教育

　いじめ防止と道徳教育の関係を考える手がかりとして、「大津市中2いじめ自殺事件」をとりあげる。なぜなら、道徳の教科化や「いじめ防止対策推進法」(2013〈平成25〉年) の成立は、この事件がきっかけになったからである。

　大津市中2いじめ自殺事件とは、当時中学2年生だった滋賀県大津市立中学校の男子生徒が、2011 (平成23) 年10月11日、同じ中学校に通っていた2年生の生徒3名による執拗ないじめを苦にして、自宅マンション14階から飛び降り、みずから命を絶ったというものである。

　この事件が起こった翌年の8月25日、「大津市立中学校におけるいじめに関する第三者調査委員会」(以下「調査委員会」) が設置され、2013 (平成25) 年1月31日、調査委員会は「調査報告書」(以下「報告書」) を市長に提出した[4]。

　報告書には、「本件学校は、平成21・22年度文部科学省指定の『道徳教育実践研究事業』推進校」であり、「2年間にわたって様々な道徳教育の実践が行なわれた」(調査委員会2013　pp.74-75) と記されている。また別の個所では、「道徳 (学活) の授業が終了した後、教室で、BがAを押し倒して馬乗りになり、拳で顔面を殴っていた」(Aは亡くなった生徒、Bは加害したとされる生徒) (調査委員会2013　p.19) という記述もある。つまり、道徳教育の推進校でいじめを苦にして自死するという事件が発生し、しかも道徳の授業の後で深刻な暴力がふるわれたということから、調査委員会は、道徳教育に限界があると結論づけている。

また調査委員会は、「それ（＝道徳教育や命の教育）自体の意味を否定しない」とも述べている。そして、「他人のこころへの共感というこころの営み」の重要性を、「生の事実で繰り返し執拗に教える必要性がある」（調査委員会 2013　p.75）と主張している。このことから調査委員会は、いじめの防止にとって道徳教育が万能とは言えないが、子どもに徹底して教えることにより一定の効果があると考えているように思われる。

２．道徳教育と内心の自由

　調査委員会は、「他人のこころへの共感というこころの営み」を教育の対象としているが、そのことに問題はないのであろうか。道徳教育の目標は、「人間としての生き方を考え、主体的な判断の下に行動し、自立した人間として他者と共によりよく生きるための基盤となる道徳性を養うこと」である。またいじめ防止対策推進法には、「児童等の豊かな情操と道徳心を培い、心の通う対人交流の能力の素地を養うことがいじめの防止に資する」という記述がある。

　以上からみえてくるのは、道徳教育が、子どもの心を対象にして、子どもの内面に働きかけていることである。そもそも道徳教育をとおして、子どもの内面に働きかけ、一定の価値観を植えつけようとすることに問題はないのであろうか。2017（平成29）年6月に成立した共謀罪法[5]をもとにして考えたい。

　共謀罪をめぐってさまざまな議論が沸き起こったが、反対する側の主張を要約すると次のようにまとめられるであろう。共謀罪は、行為を対象とするのではなく、犯罪が実行される前に犯罪をすると考えた人の心を罰することを可能にし、そのような事態は憲法第19条に違反しているのではないか、という懸念である。なぜなら憲法第19条は、「思想及び良心の自由は、これを侵してはならない」と規定しており、国家は人の

心の中に立ち入らないという「内心の自由」を保障しているからである。
　一方、共謀罪に不備はないとする立場の法務省は、「テロ等準備罪について」[6]で、「テロ等準備罪は、内心を処罰するものではありません」「テロ等準備罪は、人権に十分配慮したものです」と述べている。この記述は、共謀罪が憲法第19条に違反しているのではないかという懸念への応答であるに違いない。
　このようにみてくると、共謀罪に賛成するか反対するかは別にして、どちらの側であっても、憲法第19条で謳われている内心の自由を大切にしなければならないということがわかる。
　公立学校の教員の教育活動は、国家賠償法第1条1項の公権力の行使に含まれる（最高裁判決昭和62年2月6日集民第150号　p.75）。したがって、子どもの「道徳性を養うこと」、子どもの心を「いじめの防止に資する」ものに変えていこうとすること、「『いじめは人間として絶対にゆるされない』という意識を一人一人の児童生徒に徹底させる」ことは、いずれも公権力が、子どもの心に注目し、子どもの内面に働きかけ、一定の価値観を植え付けようとしている点で、憲法第19条（思想及び良心の自由＝内心の自由）の精神と齟齬をきたしている。このような内心の自由を大切にするという観点からとらえると、道徳教育をとおしたいじめ防止対応には問題がある。
　仮に、内心の自由を保障されるべきであるという考え方にある程度、納得しても、子どもはおとなによって導かれるべき未熟な存在なのだから、子どもの場合は内心の自由を侵害してでも道徳教育を優先させるべきだという考え方があるかもしれない。しかし、子どもの権利条約第14条（思想・良心・宗教の自由）に基づけば、子どもは、おとなと同じように内心の自由が保障されている。そのため、かれらの未熟性を根拠にして内心の自由を侵すことは、容易に正当化されてはならない。
　以上から、憲法が保障する内心の自由の保障に抵触するという点で、子どもの心を教育対象とする道徳教育は許されるものではないと言える。

《注記》

(1) 「教育ニ関スル勅語」は、明治天皇の名のもとに1890（明治23）年に発せられた。国民道徳として忠君愛国が強調されており、日本の教育の基本方針となった。1948（昭和23）年、国会でその失効および排除が決議された。

(2) 文部科学省：https://doutoku.mext.go.jp/html/about.html#practicalcase（2019年2月21日）

(3) 体験活動については、第8章の「さらに考えてみよう！」でとりあげている。

(4) この間の経緯については越（2014）を参照されたい。

(5) 正式名称は「組織的な犯罪の処罰及び犯罪収益の規制等に関する法律等の一部を改正する法律」で、共謀罪法、あるいは、テロ等準備罪法と呼ばれている。法務省は後者の立場で、「(1)組織的犯罪集団が、(2)重大な犯罪を計画し、(3)その計画を実行するために準備行為をした場合、『テロ等準備罪』に該当します。これにより、実際に犯罪が実行される前に検挙することができ、被害の発生を未然に防止することができます」と説明している。同一の法律に2つの呼び方がある理由を、池上彰は次のように説明している。「安倍政権は、『共謀罪』を提出しても成立しなかったので、『テロ対策』を付加することで、成立を図ろうとしました。『オリンピックを控え、テロが起きたら大変でしょう』と国民に働きかけたのです。意図は見え見えでした。これを批判的に見たメディアは、本質は変わっていないと考えて『共謀罪』と表現しました。一方、安倍政権寄りのメディアは、政府の言い分を『理解』し、『テロ等準備罪』と表現しました」。法務省：http://www.moj.go.jp/keiji1/keiji12_00144.html（2019年3月20日）、池上さんに聞いてみた：https://bunshun.jp/articles/-/3175（2019年3月20日）

(6) 法務省：http://www.moj.go.jp/keiji1/keiji12_00143.html（2019年2月21日）

《引用・参考文献》

荻上チキ（2018）『いじめを生む教室──子どもを守るために知っておきたいデータと知識』PHP研究所

大津市立中学校におけるいじめに関する第三者委員会（2013）「調査報告書」

教育思想史学会編（2000）『教育思想事典』勁草書房

共同通信大阪社会部（2013）『大津中2いじめ自殺──学校はなぜ目を背けたのか』PHP研究所

越直美（2014）『教室のいじめとたたかう──大津いじめ事件・女性市長の改革』ワニブックス

文部科学省（2000）『生徒指導提要』教育図書

第8章 「総合的な学習の時間」の意義と指導法

> **考えてみよう！**

総合的な学習の時間は、小学校3年から高等学校3年までの、すべての学年に配置されています。それにもかかわらず、総合的な学習の時間の検定教科書はありません。その理由は何だと思いますか？　これまでにあなたが過ごしてきた学校園における学習経験や生活経験を振り返って考えてみましょう。

この章の前半で学びたいこと
① 総合的な学習の時間の意義や、各学校において目標および内容を定める際の考え方を理解する。
② 総合的な学習の時間の指導計画作成の考え方を理解し、その実現のために必要な基礎的な能力を身につける。
③ 総合的な学習の時間の指導と評価の考え方および実践上の留意点を理解する。

1．総合的な学習の時間の意義と原理

（1）総合的な学習の時間の意義と目標

　総合的な学習の時間（以下「総合学習」）が導入されるようになった背景は2点ある。1点は、グローバル化の進展とともに、地球環境問題、人権問題、少子高齢化問題などさまざまな課題が複雑化・困難化し、従来のシステムでは解決が難しくなってきたことである。2点は、教育環境が変わってきたことにより社会体験や自然体験が不足し、コミュニ

ケーション能力や社会性が低下してきたという子どもの変化である。このような状況に対応するため、「自ら課題を見付け、自ら学び、自ら考え、主体的に判断し、よりよく問題を解決する資質や能力を育成する」ことが求められるようになった。中要領によると、総合学習の目標は次の３つである。

① 探究的な学習の過程において、課題の解決に必要な知識及び技能を身に付け、課題に関わる概念を形成し、探究的な学習のよさを理解するようにする。
② 実社会や実生活の中から問いを見いだし、自分で課題を立て、情報を集め、整理・分析して、まとめ・表現することができるようにする。
③ 探究的な学習に主体的・協働的に取り組むとともに、互いのよさを生かしながら、積極的に社会に参画しようとする態度を養う。

(2) 各学校の目標および内容

　図８−１は、総合学習における各規定の相互の関係を示したものである。各学校は、目の前の子どもの姿や地域との関係など個別具体的な条件のもと、「総合的な学習の時間の構造イメージ」と関連づけながら総合学習の目標や内容を決めることになる。その際、「小学校や高等学校との接続を視野に入れ、連続的かつ発展的な学習活動が行なえるよう」（中要領解説）目標を設定することも必要である。

　各学校が総合学習の目標や内容を設定する時に求められる配慮は、①総合学習をとおして育成をめざす資質・能力を示す、②他教科等で育成をめざす資質・能力との関連を重視する、③日常生活や社会とのかかわりを重視するという３点である。

　目標を実現するにふさわしい探究課題として中要領にあげられているのは、「国際理解、情報、環境、福祉・健康などの現代的な諸課題に対応する横断的・総合的な課題」「地域や学校の特色に応じた課題」「生徒の興味・関心に基づく課題」「職業や自己の将来に関する課題」の４つ

第 8 章　「総合的な学習の時間」の意義と指導法

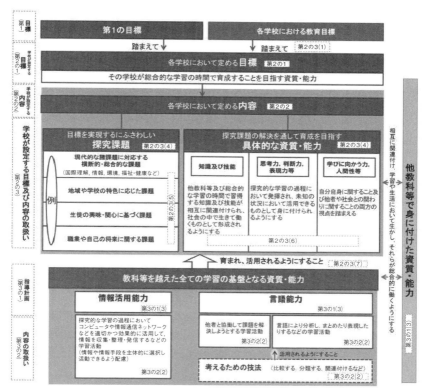

図 8 − 1　総合的な学習の時間の構造イメージ（中学校）
注：中解説総合より転載。

である。そして、これらの探究課題の解決をとおして育成をめざす資質・能力は、「知識及び技能」「思考力、判断力、表現力等」「学びに向かう力、人間性等」という 3 つの観点に沿って各学校が設定することになる。なおこれら 3 つの観点は、総合学習の目標の①〜③に対応している。

「知識及び技能」という観点からは、「他教科等及び総合的な学習の時間で習得する『知識及び技能』が相互に関連付けられ、社会の中で生きて働くものとして形成されるようにする」という配慮が、「思考力、判断力、表現力等」という観点からは、「『知識及び技能』を未知の状況

115

において活用できるものとして身に付けるようにする」という配慮が、「学びに向かう力、人間性等」という観点からは、「『自分自身に関すること及び他者や社会との関わりに関することの両方の視点を含む』ようにする」という配慮が求められることになる。

2．総合的な学習の時間の指導計画の作成

（1）各教科等との関連性を図った年間指導計画

　年間指導計画を作成する時には、「内容等を教科等横断的な視点で組み立てていく」「教育課程の実施状況を評価してその改善を図っていく」「教育課程の実施に必要な人的又は物的な体制を確保するとともにその改善を図っていく」というカリキュラム・マネジメントの3つの側面に留意する必要がある。そして、各教科等との関連性を図るという観点からは、「各教科等で別々に身に付けた資質・能力をつながりのあるものとして組織化し直し、改めて現実の生活に関わる学習において活用し、それらが連動して機能するようにする」ことが大切である。なかでも現行要領で道徳が教科化されたこともあり、道徳科との関連には十分な配慮が求められている。

（2）主体的・対話的で深い学びを実現するような単元計画

　単元計画作成時のポイントは、「生徒の関心や疑問を生かした単元の構想」と、「意図した学習を効果的に生み出す単元の構成」である。前者で留意すべきは、①無意識の中に存在している子どもの関心や疑問を把握すること、②子どもの関心や疑問を環境との相互作用をとおして変化しているものとしてとらえること、③子どもの関心や疑問のうち総合学習の目標にかなうものを選択してとりあげることである。後者で留意すべきは、①学習の展開において子どもの意識や活動の向かう方向を的確に予測すること、②十分な教材研究をすることである。

第8章 「総合的な学習の時間」の意義と指導法

　なお、計画作成における基本的な考え方や作成の進め方、具体例などについては、「今、求められる力を高める総合的な学習の時間の展開―総合的な学習の時間を核とした課題発見・解決能力、論理的思考力、コミュニケーション能力等向上に関する指導資料」（文部科学省、小・中は2010〈平成22〉年、高は2013〈平成25〉年）の第2編「総合的な学習の時間のスタートガイド」を参照されたい。

3．総合的な学習の時間の指導と評価

（1）総合的な学習の時間の学習指導

　図8-2は、総合学習において求められている学習をイメージ化したものである。総合学習では、探究的な学習（①課題の設定、②情報の収集、③整理・分析、④まとめ・表現）がスパイラルに繰り返されていく。そのような学習では、「他者と共同して主体的に取り組む学習活動」となるように、「多様な情報を活用して協働的に学ぶ」「異なる視点から考え協働的に学ぶ」「力を合わせたり交流したりして協働的に学ぶ」「主体

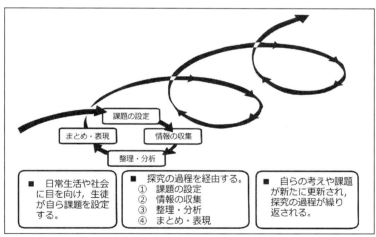

図8-2　探究的な学習における生徒の学習の姿
出典：中解説総合より転載。

的かつ協働的に学ぶ」という4つの場面と子どもの姿を大切にしたい。

(2) 総合的な学習の時間の評価

　総合学習では、「特別の教科 道徳」と同様、数値で評価することはしない。そのため指導要録の記載では、評定はおこなわず所見を記述することになっている。評価にあたっては、各学校の全体計画や単元計画で設定されている目標（育成を目指している資質・能力）から評価基準を導き出し、次のような評価方法となっていることが大切である。信頼される評価の方法、多面的な評価の方法、学習状況の過程を評価する方法という3つである。多面的な評価の方法については、中解説総合にあげられている具体例を紹介しておく。

- 発表やプレゼンテーションなどの表現による評価
- 話合い、学習や活動の状況などの観察による評価
- レポート、ワークシート、ノート、作文、論文、絵などの制作物による評価
- 学習活動の過程や成果などの記録や作品を計画的に集積したポートフォリオを活用した評価
- 評価カードや学習記録などによる生徒の自己評価や相互評価
- 教師や地域の人々等による他者評価

さらに考えてみよう！

　総合学習の特徴は、その学習過程が「探究的」になっていることであり、「探究的」な学習におけるキーワードの1つが「体験」である。たとえば中要領には、「自然体験や職場体験活動」「ボランティア活動などの社会体験」「ものづくり、生産活動などの体験活動」を、総合学習に「積極的に取り入れること」と記されている。子どもの側からすれ

ば、学校で体験活動を経験しないまま社会に巣立ったという人はきわめてまれであろう。体験活動は、「自然教室や臨海学校のように、それ自体、目標や指導計画、指導体制、全体の評価計画などを持つまとまりのある教育活動」（「体験活動事例集─体験のススメ─」）[1]と定義されている。以下では、教育活動として位置づけられている体験活動について考えることにする。

1．体験活動の教育的効果

　学校教育における体験の重視は、総合学習に限ったことではない。ここでは、文部科学省の「体験活動事例集─体験のススメ─」と 2013（平成 25）年の「いじめ防止対策推進法」をとりあげる。

　「体験活動事例集─体験のススメ─」には、「体験活動は、豊かな人間性、自ら学び、自ら考える力などの生きる力の基盤、子どもの成長の糧としての役割が期待されている」と記されており、その教育的効果は、「社会性や共に生きる力の育成」や「豊かな人間性や価値観の形成」などにあるという。また、いじめ防止対策推進法第 15 条 1 項には、「学校の設置者及びその設置する学校は、児童等の豊かな情操と道徳心を培い、心の通う対人交流の能力の素地を養うことがいじめの防止に資することを踏まえ、全ての教育活動を通じた道徳教育及び体験活動等の充実を図らなければならない」と記されている。この記述から、体験活動には、「児童等の豊かな情操と道徳心を培い、心の通う対人交流の能力の素地を養う」という教育効果があると読みとれる。

　それでは、「社会性や共に生きる力」「豊かな人間性や価値観」「豊かな情操と道徳心」「心の通う対人交流の能力」という点で教育的効果があるとされる体験活動は、そもそも、なにをきっかけにして重視されるようになったのであろうか。現在の学校教育における体験重視の傾向に大きな影響を与えた兵庫県の「トライやる・ウィーク」をとりあげて検

討を加えたい。

2. 体験活動と少年犯罪

　文部科学省によると[2]、トライやる・ウィークは、「生徒が5日間実社会において、学校ではできない様々な活動に挑戦し、豊かな感性や創造性を高めたり、自分なりの生き方を見つけたりすることができるよう支援し、ともに生きることや感謝の心を育み、自立性を高めるなど『生きる力』を育成する」ことをねらいとしている。また、兵庫県教育委員会の「平成30年度　地域に学ぶ『トライやる・ウィーク』　指導の手引き」[3]によると、その対象は「公立中学校及び県立中等教育学校前期課程2年生、義務教育学校後期課程8年生の生徒全員」であり、実施時期は「原則として、6月または11月を中心とする1週間」となっている。
　トライやる・ウィーク実施の背景には、1995（平成7）年の阪神・淡路大震災と1997（平成9）年の神戸連続児童殺傷事件[4]があり、とくに後者に対して、兵庫県は具体的な対応を迫られた。兵庫県と神戸市の両教育委員会は、今後の方向性を得るため、「心の教育緊急会議」を設置し、3回の会議を経たうえで、1997（平成9）年10月、「心の教育の充実に向けて」[5]という報告書を発表した。この報告書の提言を受けて、トライやる・ウィークは政策化されたのである。
　神戸連続児童殺傷事件は、国の施策にも大きな影響を与えた。事件直後、当時の文部大臣は、「子どもたちの間に見られるいじめ、薬物乱用、性の逸脱行為、さらには青少年非行の凶悪化などといった憂慮すべき状況」は、「子どもたちの心の在り方と深いかかわりがある問題」であるため、「こうした問題の解決に資する上でも、心の教育の在り方を考えていくことが必要」であるという認識から、中央教育審議会へ「幼児期からの心の教育の在り方について」を諮問した[6]。その結果、1998（平成10）年に出された「心の教育答申」（「『新しい時代を拓く心を育てるた

めに』―次世代を育てる心を失う危機―（答申）」）には、心の教育の充実のため、家庭生活も含めた、乳幼児期からの体験活動が重視されるようになったのである。

　以上から、体験活動の重視は、少年犯罪を直接の契機としていることが理解できるであろう。換言すれば体験活動の重視は、社会防衛的発想に基づいており、青少年の犯罪抑止という目的と不可分であると考えられる。たとえば兵庫県教育委員会のホームページでは[7]、トライやる・ウィークの実施時期に関して、「生徒指導上の問題行動等の統計から、中学2年生の6月ごろに特異な増加が見られる」ため、「本事業の実施時期は中学校2年生の6月を中心として実施することとした」と記されている。この記述は、体験活動としてのトライやる・ウィークが、社会防衛的発想に基づいていることをわかりやすいかたちで表現したものである。青少年の犯罪抑止という目的の是非はひとまず横におくとしても、体験活動の背後には、子どもをソフトに管理しようとする意図があることを忘れてはならない。

3．体験活動における偶然性

　体験活動は社会防衛的発想に基づいたものであるが、それをとおして子どもが大きく成長する場合はもちろんある。たとえば、トライやる・ウィークで子牛の出産と出産後の母牛の死に立ち会った中学生たちにとって[8]、その牛の親子との出会いは、程度の差はあるにしても、ある種の感慨をともなう体験活動になったと言えよう。

　「教育と呼ばれる活動で、もし何か感動的な場面とか創造的な成果と新鮮な発見があったとしたら、それはたいてい偶然の出来事、試行錯誤や突拍子もない思いつきや直感から思いもよらぬ結果が出た、という場合が多い。いわゆる『科学的』方法論に沿って手順を進めたらよい結果が、まるで引力に引かれるように落ちてくる、なんてことはめったにな

い」（脇浜 1999　p.87）。

　教育活動において「感動的な場面とか創造的な成果と新鮮な発見」は、「偶然の出来事、試行錯誤や突拍子もない思いつきや直感」をとおして生じるのであり、そこには「『科学的』方法論」の関与があまりないという。体験活動は、教育活動の一環として実施されており、しかも他の教科と比べて偶然性が入りこむ余地が大きい。たとえばトライやる・ウィーク実施前に、子牛を出産した後の母牛の死を見通すことはほとんど不可能である。しかし同時に、だからこそ日常的にどのような教育活動を営んでいるのかが問われていると言える。なぜなら、体験活動に参加するまでの教員と子どもや子ども同士の関係の質が、子どもによる体験活動の意味づけに影響を及ぼすからである。

《注記》
(1)　文部科学省：http://www.mext.go.jp/a_menu/shotou/seitoshidou/04121502/055.htm（2018 年 12 月 10 日）
(2)　文部科学省：http://www.mext.go.jp/b_menu/shingi/chukyo/chukyo3/004/siryo/attach/1399727.htm（2018 年 12 月 10 日）
(3)　兵庫県教育委員会：http://www.hyogo-c.ed.jp/~gimu-bo/tryyaru/tryyaru30.htm（2018 年 12 月 10 日）
(4)　1997（平成 9）年、兵庫県神戸市須磨区で発生した 14 歳の中学生による連続殺傷事件。少年が名乗った名前から「酒鬼薔薇事件」とも呼ばれる。強い暴力性がともなう特異な事件が「普通の」中学生によって引き起こされたため、当時のマスコミはセンセーショナルに報道した。
(5)　兵庫県教育委員会：http://www.hyogo-c.ed.jp/~gimu-bo/tryyaru/tryyaru30.htm（2018 年 12 月 10 日）
(6)　文部科学省：https://www.mext.go.jp/b_menu/shingi/chuuou/toushin/970801.htm（2023 年 3 月 25 日）
(7)　兵庫県教育委員会：http://www.hyoto-edu.yashiro.hyogo.jp/~gimu/bo/tebiki.htm（2000 年 9 月 13 日）（現在このホームページは存在しない）
(8)　「広報ふくさき」2015 年 8 月号　p.14

《引用・参考文献》
脇浜義明（1999）『教育困難校の可能性——定時制高校の現実から』岩波書店

第9章 特別活動の意義と指導法

考えてみよう！

 運動会や修学旅行、入学式や卒業式などの学校行事は特別活動と呼ばれており、教育活動として位置づけられています。教員はどのような意図をもってこのような活動にとりくんでいるのでしょうか？ これまでにあなたが過ごしてきた学校園における学習経験や生活経験を振り返って考えてみましょう。

この章の前半で学びたいこと
① 特別活動の意義、目標および内容を理解する。
② 特別活動の指導のあり方を理解する。

1．特別活動の意義、目標および内容

（1）特別活動の目標と主な内容

　小解説特別活動によると、特別活動とは、「様々な構成の集団での活動を通して、課題の発見や解決を行い、よりよい集団や学校生活を目指して様々に行われる活動の総体」のことである。そしてその教育的意義として、「特別活動の特質を踏まえた資質・能力の育成」「学級経営の充実と特別活動」「各教科等の学びを実践につなげる特別活動」「学級や学校の文化を創造する特別活動」という4点が強調されている。またその活動は、①学級活動（小・中）・ホームルーム活動（高）、②児童会活動（小）・生徒会活動（中・高）、③クラブ活動（小）、④学校行事（小・中・高）の4つによって構成されている。

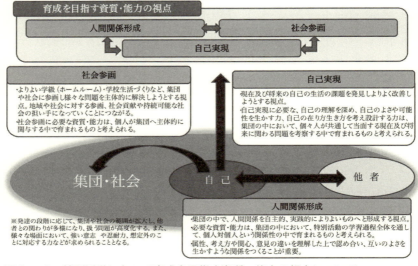

図9−1 特別活動において育成を目指す資質・能力の視点について
注：「幼稚園、小学校、中学校、高等学校及び特別支援学校の学習指導要領等の改善及び必要な方策等について（答申）」別添資料（中央教育審議会、2016〈平成28〉）（転載）。

　小要領によると、特別活動では、「集団や社会の形成者としての見方・考え方を働かせ、様々な集団活動に自主的、実践的に取り組み、互いのよさや可能性を発揮しながら集団や自己の生活上の課題を解決することを通して」、次の3つの資質・能力を育成することが目標とされている。目標㋐と㋑は小・中・高に共通しているが、目標㋒は小・中・高で若干、文言が異なっている。

㋐ 多様な他者と協働する様々な集団活動の意義や活動を行う上で必要となることについて理解し、行動の仕方を身に付けるようにする。
㋑ 集団や自己の生活、人間関係の課題を見いだし、解決するために話し合い、合意形成を図ったり、意思決定したりすることができるようにする。
㋒ 自主的、実践的な集団活動を通して身に付けたことを生かして、

集団や社会における生活及び人間関係をよりよく形成するとともに、自己の生き方（小）／人間としての生き方（中）／人間としての在り方生き方（高）についての考えを深め、自己実現を図ろうとする態度を養う。

　図9－1は、特別活動で育成が期待されている上記の資質・能力を、「人間関係形成」「社会参加」「自己実現」という3つの視点から整理したものである。また、上記の資質・能力を、「主体的・対話的で深い学び」の視点から整理することも大切であるが、その詳細については、小解説特別活動の第2章第1節3「特別活動における『主体的・対話的で深い学び』」を参照されたい。

（2）教育課程における特別活動の位置づけと各教科等との関連

　小解説特別活動によると、特別活動は、「全教育活動を通して行われる人間形成の統合的な時間」である。したがって、これを前提にしながら特別活動は、子どもの資質・能力の育成という視点からだけでなく、学びに向かう主体的で協働的な集団づくりという視点からも、各教科等と「互いに支え合い、高め合う関係」にある。具体的には、各教科等で育成された資質・能力が特別活動で活用されるだけでなく、特別活動で培われた資質・能力が各教科等の学習に生かされるように往還的な関連を図るということである。

　とくに、特別活動と生活科や総合的な学習の時間の関連では自然体験や社会体験の充実が、道徳教育との関連では自己の生き方についての考えを深めることが求められている。

（3）学級活動、児童会、クラブ活動、学校行事

　ここでは小学校の特別活動をとりあげて説明する。小学校では、学級活動、児童会、クラブ活動、学校行事という4つの活動をとおして特別

活動の目標達成がめざされている。

　小要領によると、学級活動は、「学級や学校での生活をよりよくするための課題を見いだし、解決するために話し合い、合意形成し、役割を分担して協力して実践したり、学級での話合いを生かして自己の課題の解決及び将来の生き方を描くために意思決定して実践したりすることに、自主的、実践的に取り組む」活動である。児童会活動は、「異年齢の児童同士で協力し、学校生活の充実と向上を図るための諸問題の解決に向けて、計画を立て役割を分担し、協力して運営することに自主的、実践的に取り組む」活動である。

　クラブ活動は、「個性の伸長を図りながら」「異年齢の児童同士で協力し、共通の興味・関心を追求する集団活動の計画を立てて運営することに自主的、実践的に取り組む」活動である。学校行事は、「集団への所属感や連帯感を深め、公共の精神を養いながら」「全校又は学年の児童で協力し、よりよい学校生活を築くための体験的な活動」である。

２．特別活動の指導法

（１）特別活動の指導のあり方

　特別活動の指導では、「知識及び技能」の習得、「思考力、判断力、表現力等」の育成、「学びに向かう力、人間性等」の涵養がバランスよく実現されるよう、「主体的・対話的で深い学び」の観点から授業改善をおこなうことが大切である。以下では、具体的な指導のあり方を４点に分けて説明する。

①活動内容に応じた指導

　特別活動では、その活動内容に応じて教員のかかわり方に違いがある。子どもの「自主的、実践的な活動」はすべての活動に共通しており、「教師の指導を中心」としておこなわれる。そのうえで、学級活動の「（１）学級や学校における生活づくりへの参画」、児童会活動（小）、

生徒会活動（中）、クラブ活動（小）は、子どもの「自発的、自治的な活動」であり、「適切な教師の指導の下」におこなわれる。

②学習の困難さに応じた指導

インクルーシブ教育（第5章参照）システムを構築し、障害などの影響により学習活動に困難さを抱く子どもの自立と社会参加を推し進める必要がある。特別支援学校や特別支援学級だけでなく、通常の学級においても子どもの学びを確保するため、一人ひとりの教育的ニーズ、障害の状態や発達の段階に応じた、きめ細かな指導の工夫や手立てを充実させることが大切である。

③ガイダンスとカウンセリング

小解説特別活動によると、ガイダンスとは、「児童のよりよい生活づくりや集団の形成に関わる、主に集団の場面で行われる案内や説明」のことである。またカウンセリングとは、「児童一人一人の生活や人間関係などに関する悩みや迷いなどを受け止め、自己の可能性や適性についての自覚を深めさせたり、適切な情報を提供したりしながら、児童が自らの意志と責任で選択、決定することができるようにするための助言等を、個別に行う教育活動」のことである。ガイダンスが主として集団の場面でおこなわれるのに対して、カウンセリングは個別におこなわれる点に違いがある。しかし両者はともに課題解決のための指導・援助の両輪であり、子どもの学校生活への適応や人間関係の形成などの実現をめざしている。

④国旗と国歌の取扱い

小解説特別活動によると、国旗掲揚と国歌斉唱の指導目的は、「日本人としての自覚を養い、国を愛する心を育てること」と「国際社会において尊敬され、信頼される日本人として成長」することの2点である。入学式や卒業式では「指導するものとする」となっているが、その他の学校行事、たとえば始業式、終業式、運動会、開校記念日に関する儀式などの機会については、「各学校がその実施する行事の意義を踏まえて

判断するのが適当である」とされている。

（2）特別活動の評価

　小解説特別活動によると、特別活動の評価においては、「活動の結果だけでなく活動の過程における児童の努力や意欲などを積極的に認めたり、児童のよさを多面的・総合的に評価したりすること」をとおして、「児童一人一人のよさや可能性を積極的に認めるようにするとともに、自ら学び自ら考える力や、自らを律しつつ他人とともに協調できる豊かな人間性や社会性など生きる力を育成するという視点から評価を進めていく」ことが大切である。

　また評価をする時は、「教師が指導の過程や方法について反省し、より効果的な指導が行えるような工夫や改善を図っていく」、つまり「指導の改善に生かすという視点」から評価をとらえる必要がある。

（3）特別活動における連携

　多様な人たちとの交流や対話、共同学習をとおして子どもは、協働することや、他者の役に立ったり社会に貢献したりすることの喜びを得、それが自己有用感や自己肯定感を育むことになる。そこで、家庭だけでなく地域の人たち、たとえば近隣の幼稚園、認定こども園、保育所などの幼児、老人介護施設の高齢者、障害者福祉施設の人たちとつながる機会を設けることが大切になる。また、特別活動では体験活動が重視されていることから、青少年教育施設、公民館や公共図書館、資料館や博物館、美術館、科学館、劇場、音楽堂などを積極的に活用していくことが求められる。

　いずれの場合においても、活動が場当たり的なものとならないように、連携先とねらいを共有するなど十分な事前の準備が必要とされる。

第9章 特別活動の意義と指導法

さらに考えてみよう！

　これまでの学習指導要領では、集団や人間関係の性質を表す言葉として「望ましい」が使われてきた。ところが現行学習指導要領では、たとえば、「望ましい集団活動を通して」の部分が、「互いのよさや可能性を発揮しながら」に変わった。この変更理由を手がかりにして、学校教育における集団や人間関係について考えたい。

1．「望ましい集団活動」の問題点

　「望ましい集団活動を通して」から「互いのよさや可能性を発揮しながら」への変更に関して、小解説特別活動では、「『互いのよさや可能性を発揮しながら』は、これまでの学習指導要領の目標で『望ましい集団活動を通して』として示した趣旨をより具体的に示したもの」と記されている。この記述から現行学習指導要領において、「望ましい集団活動」が否定されたわけではなく、「望ましい集団活動」とは「互いのよさや可能性」を発揮する集団活動をさしていることがわかる。
　しかし小解説特別活動は、「望ましい集団活動」に関して次のような問題点も指摘している。

①「望ましい集団活動」という表現は、達成されるべき目標という印象を与えたり、最初から「望ましい集団」が存在するものであるかのような誤解を与えたりする。
②「望ましい集団活動」という用語では、「連帯感」や「所属感」を大切にするあまり過度の同調圧力につながりかねない。

　「望ましい集団活動」という表現・用語は、「達成されるべき目標とい

う印象」や、「最初から『望ましい集団』が存在するものであるかのような誤解」を与え、「『連帯感』や『所属感』を大切にするあまり過度の同調圧力」につながりかねないとされている。これらは、集団の特性をふまえた妥当な指摘である。しかし実際のところ、「望ましい」とされる集団の問題はこれらの指摘にとどまらない。

2．仲のよい集団の排他的性格

　教職課程の授業で、「望ましい学級とはどのような集団なのか」という問いをめぐりグループ討議をすることがある。それぞれのグループからさまざまな意見が発表されるが、大きくまとめると、その答えは「望ましい学級とは仲のよい集団である」ということになる。
　しかし仲のよい集団は、その構成員に同じ行動を要求しがちである。たとえば、昼休みに本を読みながら一人で食事をしたいと思っても、仲のよい集団の構成員であれば、それを実行することは容易ではない。なぜなら、全員で一緒に食事をするという行為が集団構成員の仲のよさの証であり、それに反する行為は許されないという不文律が存在するからである。このような仲のよい集団における同調圧力の問題については、上述の小解説特別活動でも指摘されている。
　また仲のよい集団は、集団外部の人に対して排他的な様相を呈することがある。たとえば、なにかの集まりに一人ではじめて参加しても、先に来ていた人たちが、それぞれ離れて座っていれば会場に入ることはたやすい。ところが、先に集まっていた人たちがすでに顔見知りで楽しそうに談笑していると、会場に入ることがためらわれる。談笑している人たちが後から来た初参加の人の受け入れを拒否しているわけでもないのに、集団構成員の仲のよさに比例して躊躇する気もちも強くなる。仲のよい集団の凝集性が、知らず知らずのうちに、集団外部の人に対して排他的な関係を生じさせているからである。このことから仲のよい集団

は、同調圧力に加えて、排他的性格をもつという問題があると言える。

3．「できなさや弱さ、至らなさ」の共有

　仲のよい集団がもつ同調圧力や排他性の問題を勘案すれば、だれもが心地よく過ごせる集団では、次のような人間関係が築かれていると考えられる。すなわち、一人になりたい時に一人になることができる、しかも、その集団にいつもと異なるメンバーが入ってきても排除されないような人間関係である。それではこのような集団と、「互いのよさや可能性」が発揮される集団は同じなのであろうか。

　わたしたちはだれもが「よさや可能性」に加えて、「できなさや弱さ、至らなさ」も抱えながら生きている。一人で食事をしたいと思っている友だちの気もちや、談笑している自分たちの輪の中に入りにくそうにしている初参加の人の気もちに思いを馳せることができるのは、「よさや可能性」の発揮をとおしてというよりも、むしろ自分の中の「できなさや弱さ、至らなさ」の発揮をとおしてであろう。なぜなら、違いを認めることや、悲しさやつらさに共感することは、「できなさや弱さ、至らなさ」につながっているからである。

　ところが生徒指導の対象とされる子どもは、「社会への適応や社会の中での成功」に向けて成長・発達することを絶え間なく期待され、うながされており（文部科学省 2010　p.9）、「できなさや弱さ、至らなさ」は克服されるべき対象となっている。「よさや可能性」が発揮されることを否定するつもりはない。しかし「よさや可能性」の発揮のみが求められる集団では、一人になりたい時に一人になることができる、しかも、その集団にいつもと異なるメンバーが入ってきても排除されないような人間関係を築くことは困難であろう。子どもに限らず人はだれでも「できなさや弱さ、至らなさ」をもっている。そこで各自が自分の「できなさや弱さ、至らなさ」を開示し、それらを互いに共有できるような人間

関係の構築をめざしていけば、おそらくその過程で、おのずと互いの「よさや可能性」も発揮されるようになるであろう。

《引用・参考文献》
文部科学省（2010）『生徒指導提要』教育図書

第10章 教育の方法と技術

考えてみよう！

　みなさんは、学校園で教育を受けることによってどのような資質や能力を身につけることができたと思いますか？　また、その資質や能力はどのようにして育成されたと考えますか？これまでにあなたが過ごしてきた学校園における学習経験や生活経験を振り返って考えてみましょう。

この章の前半で学びたいこと
① これからの社会を担う子どもたちに求められる資質・能力を育成するために必要な教育の方法（主体的・対話的で深い学びの実現など）を理解する。
② 教育の目的に適した指導技術を理解し、身につける。
③ 情報機器を活用した効果的な授業や適切な教材の作成・活用に関する基礎的な能力を身につける。

1．教育の方法

（1）子どもたちに求められる資質・能力

　小要領で育成をめざす「子どもたちに求められる資質・能力」は、「知識及び技能」「思考力、判断力、表現力等」「学びに向かう力、人間性等」の三つの柱（第6章　図6－1）である。それらは、「言語能力、情報活用能力、問題発見・解決能力等の学習の基盤となる資質・能力」「豊かな人生の実現や災害等を乗り越えて次代の社会を形成することに

133

向けた現代的な諸課題に対応して求められる資質・能力」とも表現されており、「教科等横断的な視点に立って育成すること」が明示されている。

とくに言語能力は、「人間が認識した情報を基に思考し、思考したものを表現していく過程に関する分析を踏まえ、創造的・論理的思考の側面、感性・情緒の側面、他者とのコミュニケーションの側面」から整理され、「言語能力は全ての教科等における資質・能力の育成や学習の基盤となるものであると位置付け」られている。そのため、各学校においては「国語科を要としつつ教育課程全体を見渡した組織的・計画的な取組」が求められている。国語科では、「知識及び技能」や「思考力、判断力、表現力等」の資質・能力をどのような言語活動を通して育成するかが言語活動例として示されている。各教科等においても、たとえば、図画工作科では、「感じたことや思ったこと、考えたことなどを、話したり聞いたり話し合ったりする、言葉で整理するなどの言語活動を充実すること」のように、各教科の特質に応じた言語活動の充実について記述されている。

上記の「資質・能力」の育成以外にも、「各学校においては児童の実態を踏まえ、学習の基盤作りに向けて課題となる資質・能力は何かを明確にし、カリキュラム・マネジメントの中でその育成が図られるように努めていくこと」が求められる。

(2) 教育方法の基礎

教育の目的や内容は、それにふさわしい教育の方法および技術と結びついて、はじめて学習者に受け入れられる。また教育の方法および技術には、実際の学校教育の指導において、学習指導と生活指導という2側面がある。前者は、子どもが知識や経験を獲得し、その応用をめざして営まれる教育活動である。それに対し後者は、子どもの全人的形成をめざして、学習指導を含めた、すべての学校教育の場で営まれる教育活動

である。両者は教科や特別活動などと領域区分されているが、元来は1つの営みの2つの側面として統一的にとらえられる。ここでは、学習指導ないし教育の方法における基礎的理論等について概説する。

①子どもの自発性と教員の指導性との協調

いかなる教育の方法および技術も、結局のところ、子どもの自発性から出発し、それに依拠して、教員が援助の手を差し伸べるという構図になる。子どもの自発性は、何らかのきっかけがなければ発動しない。そのため、外からの干渉や強制をひかえ、自発性を阻害する要因をとり除くことから始めなければならない。また、教員が条件を整え、子どもがその条件のもとに、興味をもち、意欲をかきたてられ、自主的に学ぼうとする。この過程において、教員の指導援助の手立て、活動、学習材料や用具の準備、見守りなどが、子どもの活動の持続性を保証していく。このような自発性と指導性との協調が、望ましい教育の方法および技術の原理となる。

②目的・興味・活動

学習が自主的な活動であるためには、学習者自身が自分の活動の目標をもっていなければならない。活動とは目標を達成する手段である。教育する側の目標と学習する側の目標との関係で、前者が優先される傾向にあるが、両者を一体化する工夫が教員には求められる。その際、興味・関心は活動の原点である。子どもが学習の目的や活動などに興味・関心を抱く時、学習意欲が湧き、活動が営まれ、主体的な学習が成立する。子どもの学習への興味・関心を喚起すること（motivation）が、とりわけ学習指導の導入段階においてもっとも重要となる。

③個別化と集団化

人は、ありとあらゆる個性の主体である。教育の過程にあっては、まず子どもの個人差を把握し、それに応じた指導がなされる必要がある。それには個別指導が要請される。しかし同時に、子どもは集団の中でも成長する。集団の中では、意図された教育内容だけでなく、多様で個性

的な考えや態度が意図されずに学習されている。これらの意図的・無意図的になされるコミュニケーションをつうじて、教員も、子ども本人も気づかぬうちに多種多様、多層な価値や感情、習慣など（隠れたカリキュラム　第6章参照）を学習しており、指導上の工夫や配慮が求められている。

(3) 主体的・対話的で深い学び

　各教科等の指導にあたっては、「単元や題材など内容や時間のまとまりを見通しながら、児童の主体的・対話的で深い学びの実現に向けた授業改善を行うこと」「各教科等の『見方・考え方』を働かせ、各教科等の学習の過程を重視して充実を図ること」になっている。主体的・対話的で深い学びの実現に向けた授業改善には、表10－1に示す3つの視点がある。

　またそれは、「必ずしも1単位時間の授業の中で全てが実現されるものではな」い。「単元や題材など内容や時間のまとまりをどのように構成するかというデザインを考え」つつ、授業改善を進めなければならない。「深い学び」の視点では「各教科等の学びの深まりの鍵」として、各教科等の特質に応じた「見方・考え方」が重要であることが特記されている。それは、「深い学び」がその「見方・考え方」を働かせながら、

表10－1　授業改善のための3つの視点

① 学ぶことに興味や関心を持ち、自己のキャリア形成の方向性と関連付けながら、見通しを持って粘り強く取り組み、自己の学習活動を振り返って次につなげる「主体的な学び」が実現できているかという視点。
② 子供同士の協働、教職員や地域の人との対話、先哲の考え方を手掛かりに考えること等を通じ、自己の考えを広げ深める「対話的な学び」が実現できているかという視点。
③ 習得・活用・探究という学びの過程の中で、各教科等の特質に応じた「見方・考え方」を働かせながら、知識を相互に関連付けてより深く理解したり、情報を精査して考えを形成したり、問題を見いだして解決策を考えたり、思いや考えを基に創造したりすることに向かう「深い学び」が実現できているかという視点。

注：小学校学習指導要領解説総則編に記載されている文章を表にした。

「習得・活用・探究という学びの過程の中」で、「より質の高い深い学び」になっていくからである。

　なお、各教科等の指導計画の作成上の配慮事項は、たとえば、生活科では「児童が具体的な活動や体験を通して、身近な生活に関わる見方・考え方を生かし、自分と地域の人々、社会及び自然との関わりが具体的に把握できるような学習活動の充実を図ることとし、校外での活動を積極的に取り入れること」とあるように、教科ごとに示されている。

（4）学習評価の基礎的な考え方

　小要領では、学習評価を「学校における教育活動に関し、児童の学習状況を評価するもの」とし、「教師が指導の改善を図る」とともに、「児童自身が自らの学習を振り返って次の学習に向かう」ことができるよう、「教育課程や学習・指導方法の改善と一貫性のある取組を進めること」を求めている。また評価は、「学習の過程の適切な場面」でおこなう必要があり、とくに「他者との比較ではなく児童一人一人のもつよい点や可能性などの多様な側面、進歩の様子などを把握し、学年や学期にわたって児童がどれだけ成長したかという視点を大切にすること」が重要となる。さらに評価は、教員によるものだけでなく、「児童自身の学習意欲の向上」にもつながる子ども同士の相互評価や自己評価もおこなう必要がある。

　「資質・能力の三つの柱」（第6章　図6－1）の1つである「学びに向かう力、人間性等」には、①「主体的に学習に取り組む態度」として「観点別学習状況の評価（学習状況を分析的に捉える）を通じて見取ることができる部分」と、②観点別学習状況の評価や評定にはなじまないことから「個人内評価（個人のよい点や可能性、進歩の状況について評価する）を通じて見取る部分」があり、留意する必要がある。なお、観点別学習状況の評価[1]は、「知識及び技能」「思考力・判断力・表現力等」「主体的に学習に取り組む態度」の3つの観点でおこなうことになって

いる。

　資質・能力のバランスのとれた学習評価をおこなっていくためには、指導と評価の一体化（PDCA サイクル）を図ることが重要であり、「論述やレポートの作成、発表、グループでの話合い、作品の制作等といった多様な活動を評価の対象とし、ペーパーテストの結果にとどまらない、多面的・多角的な評価を行っていくこと」も必要となる。パフォーマンス評価[2]、ポートフォリオ評価[3]、ルーブリック評価[4]などの多様な評価方法の研究やとりくみも進められている。

　また評価の実施の際には、「学習評価の妥当性や信頼性」の確保が重要となる。評価規準や評価方法などは、事前に教員同士で検討し明確にすること、評価に関する実践事例を蓄積し共有すること、評価結果についての検討をつうじて評価にかかわる教員の力量の向上を図ることなど、学校として組織的かつ計画的にとりくむことが大切となる。さらに、評価に関するしくみについては、学校から保護者へ事前説明し、評価結果についてのより丁寧な説明など評価に関する情報を積極的に提供し、保護者の理解を図ることも信頼性の向上の観点から重要とされる。加えて、子どもの学習成果を学年や学校間の段階を超えて円滑に接続すること、そのための指導要録への適切な記載、学校全体で一貫した方針のもとでの学習評価へのとりくみも大切となる。

　指導要録[5]は、学習の記録として学校が作成するものである。「学籍に関する事項」と「指導に関する事項」からなり、様式は教育委員会等の各設置者が定め、国は通知により様式例等を示す。「指導に関する記録」は、行動の記録、教科等の学習の記録、総合所見および指導上参考となる諸事情などを記載する。進学の際には写しを進学先に送付する。保存年限は、「学籍に関する事項」が 20 年、「指導に関する事項」が 5 年である。

２．教育の技術

（1）基礎的な技術

　教育の技術とは、発問の仕方、板書の方法、文章表現の指導法、集団づくりの技法など、教科教育をはじめとしたものから学級経営や学校教育の全体にかかわるものまでを含むことになる。

　たとえば、教材・教具等についてみると、それらは、学習者が教育内容を習得することを有効に援助し得たかどうかでその価値が決まる。教材・教具は、機能面から言えば、どの教科や内容でも一般的に用いられるものと、特定の教科や内容に関連して用いられるものがある。前者には教科書、ノート、鉛筆、机、いす、黒板、コンピュータなど、後者には算数学習のタイル、理科の実験器具、運動用具、画材などがある。

　また、教員の発問（説明や助言など）、机間指導、一斉授業やペア学習あるいはバズ・セッション[6]などの授業形態、授業時間の弾力的運用、教室や校舎等の環境整備などは、教育活動をおこなううえでの基礎的な技術として重要となる。

（2）学習指導案の作成

　学習指導案は、授業展開を一定の書式で記述した計画である。教員は、授業に先立ち、授業の流れ、一斉教授やディスカッションなどの学習スタイルの選定、発問や指示などの教員からの教授行為、それに対する子どもの反応、評価の観点や規準などを構想し、学習指導案にまとめる。学習指導案の作成では、単元目標の設定、単元の指導計画、本時の指導過程などを明確にすることで、授業を円滑に進めることができる。表10-2は、学習指導案の作成における基本的な用語の説明である。

表10－2　学習指導案の作成における基本的な用語

単元名：単元の名称。教科書の節の表題を用いることが多い。必要に応じて適切な単元名をつけてよい。
単元目標：学習指導要領に示された目標および内容をふまえ、当該クラスの子どもの実態に応じて、できるだけ具体的に述べる。単元ごとの目標設定。単元目標には以下のような項目を記載する。
児童ないし生徒観：当該クラスの子どもの様子や特徴、これまでの学習経験などを記す。
教材観：題材や教材の内容や特徴、教育的価値などを記す。
指導観：児童ないし生徒観と教材観をふまえた実際の指導方法を記す。
指導計画：単元全体の指導計画をいくつかのステップに分節化し、それぞれの指導計画を記す。その際、「知識や技能」、「思考力、判断力、表現力など」、「学びに向かう力、人間性など」の3つの柱に関して、授業を通して子どもにどのようになってほしいかの目標を設定する。各ステップないし各単位時間における評価方法も記入するようにする。
評価基準：子どもの目指すべき姿、目標を達成した際になっているであろう姿を記載する。
本時の指導過程：1単位時間の内容をより具体的に示したものを言う。1回の授業での目標のほか、授業で使用する教材（テキストや筆記具など実際に使用するもの）や時間配分も記載する。時間配分とは、一般に「導入－展開－整理」の3段階で考えられることが多い。各段階で行われる作業はおおむね以下のように考えられている。なお現在では、「つかむ－みつける－わかちあう－……」など学習者の活動に重点をおいた柔らかい表現を用いる学校も増えている。また「学習の動機づけに5分」や「その後のペア学習に7分」などといった具合に、細かいタイムスケジュールを設定してもよい。
導　　入：開始、モティベーションとも言う。学習環境を整えて、学習への動機づけ、方向づけをする。目標を確認し、学習の興味を焦点づけ、学習意欲を高める。学習態度を調整することもこの段階に属する。
展　　開：指導・学習をおこなう教授・学習活動の中心段階。問題の所在を示し、その構造を理解する。そのため、あらかじめ整理された学習・研究の筋道にしたがい、また子どもの学習・経験のひろがり、意欲などをふまえて、計画的・主体的学習が組織される必要がある。教員は、必要な教材・教具を吟味し、調査し、資料を収集・分類・整理するとともに、学習者の状況をたえず把握しつつ、問題状況を正確に把握する必要がある。このような教授・学習活動の中心段階を有機的に組織することが教員の力量とされる。
整　　理：まとめ、概括、展望とも言う。獲得された知識などが子どもに十分に把握され、位置づけられる。このような総括が中心で、場合によっては、残された課題や、新しい問題への展開を予備的に示すことによって、確認された学習をさらに次の新しいステップの学習へとつなげていく。学習者が学習結果を相対化していることが重要であり、このことが新しい学習への準備となる。

3．情報活用能力とプログラミング教育

（1）情報活用能力の育成

　実際の教育活動では、子どもが学習する場合、その感覚器官が動員されれば、学習が効果的になるという発想のもとに、さまざまなメディアが利用されてきた。たとえば、OHPやCD、DVDなどの利用は、動物の生態や鳴き声をリアルに伝える手段として使用された。現代では、タブレットやパソコンなどの情報機器の活用が重要な課題となっている。

　小要領では、「学習の基盤となる資質・能力」として情報活用能力をあげている。それは、「情報手段の基本的な操作の習得や、プログラミング的思考、情報モラル、情報セキュリティ、統計等に関する資質・能力等も含むもの」とされている。またそれは、「確実に身に付けさせる必要があるとともに、身に付けた情報活用能力を発揮することにより、各教科等における主体的・対話的で深い学びへとつながっていくこと」が期待されている。

　なかでも「プログラミング教育」は、「学習の基盤となる資質・能力」と位置づけられた情報活用能力の育成や情報手段（ICT）を「適切に活用した学習活動の充実」を進めるなかに適切に位置づけられる必要があるとされる。小学校では、2020（令和2）年度からのプログラミング教育の実施に向けて、各学校や教育委員会などが「小学校プログラミング教育の手引」や「小学校を中心としたプログラミング教育ポータル」[7] webサイトなどを参照して、情報機器を活用した効果的な教材の作成のための研修や準備を計画的に進めるとともに、学校のICT環境の整備や学校情報セキュリティの確保を進めていくことが強く求められている。

　なお、情報活用能力の育成のための学習活動として表10－3が例示されている。

表10−3　情報活用能力育成のための学習活動

①	コンピュータや情報通信ネットワークなどの情報手段に慣れ親しませる学習活動。
②	学習活動を円滑に進めるために必要な程度の速さでのキーボードなどによる文字の入力、電子ファイルの保存・整理、インターネット上の情報の閲覧や電子的な情報の送受信や共有などの基本的な操作を確実に身に付けさせるための学習活動。
③	文章を編集したり図表を作成したりする学習活動。
④	様々な方法で情報を収集して調べたり比較したりする学習活動。
⑤	情報手段を使った情報の共有や協働的な学習活動。
⑥	情報手段を適切に活用して調べたものをまとめたり発表したりする学習活動。

注：小学校学習指導要領解説総則編に記載されている文章を表にした。

（2）プログラミング的思考

　2016（平成28）年の「小学校段階における論理的思考力や創造性、問題解決能力等の育成とプログラミング教育に関する有識者会議」の「議論の取りまとめ」では、情報技術を効果的に活用しながら、論理的・創造的に思考し課題を発見・解決していくために、「プログラミング的思考」が必要であるとした。そして、プログラミング的思考とは、「将来どのような進路を選択しどのような職業に就くとしても、普遍的に求められる力」であるとした。あるいは、それは、「自分が意図する一連の活動を実現するために、どのような動きの組合せが必要であり、一つ一つの動きに対応した記号を、どのように組み合わせたらいいのか、記号の組合せをどのように改善していけば、より意図した活動に近づくのか、といったことを論理的に考えていく力」であると説明している（図10−1）。

　2018（平成30）年の「小学校プログラミング教育の手引（第二版）」によれば、小学校におけるプログラミング教育のねらいと位置づけについては、図10−2のように示されている。どのようにすれば「プログラミング的思考」を育み、「気付き」を促し「態度」を育むとともに各教科等の学びをより深めていくことができるのかが問われている。

第 10 章　教育の方法と技術

図 10 − 1　プログラミング的思考のプロセス
注：「小学校プログラミング教育の手引（第二版）」より転載。

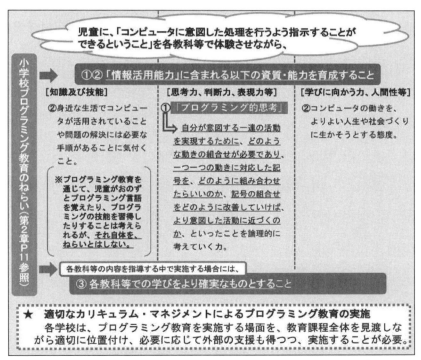

図 10 − 2　小学校プログラミング教育のねらいと位置付けについて
注：「小学校プログラミング教育の手引（第二版）」より転載。

表10－4　情報モラル育成のための学習活動

① 情報発信による他人や社会への影響について考えさせる学習活動。
② ネットワーク上のルールやマナーを守ることの意味について考えさせる学習活動。
③ 情報には自他の権利があることを考えさせる学習活動。
④ 情報には誤ったものや危険なものがあることを考えさせる学習活動。
⑤ 健康を害するような行動について考えさせる学習活動。

注：小学校学習指導要領解説総則編に記載されている文章を表にした。

（3）情報モラルの育成

　情報モラルとは、「情報社会で適正な活動を行うための基になる考え方と態度」のことである。具体的には、他者への影響を考え、自他の権利を尊重し、情報社会での行動に責任をもつこと、犯罪被害を含む危険を回避できるなど、情報を正しく安全に利用できること、コンピュータなどの情報機器の使用と健康とのかかわりを理解することなどである。そのための学習活動としては、表10－4のような活動をおこなわなければならない[8]。

　また学校や教員は、情報技術やサービスの変化、子どものインターネットの使い方の変化の実態や影響に係る最新の情報の入手に努め、それに基づいた適切な指導に配慮する必要がある。あわせて、たとえば、インターネット上に発信された情報は基本的には広く公開される可能性があり、どこかに記録が残り完全に消し去ることができないという特性についての理解と、それに基づく情報モラルに対する子どもの発達の段階に応じた指導が求められている。さらに、情報モラルに関する指導は、道徳科や特別活動をはじめ、各教科等および生徒指導との連携も図りながら実施することが重要とされている。

さらに考えてみよう！

　教育の方法および技術は、一定の条件を満たせば、だれでも活用でき

るという一般性と、一人ひとりの子どもの生活や内面にかかわる特殊性をもつ。たとえば、文章表現の技術は、どの教員でも指導することができる。しかし、文章表現の技術を一人の子どもが身につけるには、その子どもの生活意識や、教材に対する関心あるいは態度に即して、それらが練り上げられていくものと言える。この一般性と特殊性との関係を軽視すると、方法および技術の機械的形式化となる。また特殊性をふまえるからこそ、方法および技術の限界も認識されることになる。

1．子どもを知る方法

　望ましい教育の方法および技術は、子どもの自発性と教員の指導性との協調をその原理とする。子どもの自発性は、教員の指導性をはじめとする何らかの刺激によって、興味や関心が喚起され、意欲をかきたてられ、主体的な学習となる。そのため、教員にとっては、まずは子どもを知ることが出発点となる。子どもを知る方法として、授業中や休み時間中の様子の観察、日常的な会話、相談等での面談、アンケート、当該の子どもおよび他の子どもからの聴聞などがある。

　近年では、「楽しい学校生活を送るためのアンケート」などとしてQ-U（Questionnaire-Utilities）テストが用いられている。テスト内の質問に応えることで、一人ひとりの子どもの学級生活の満足感や学校生活の意欲などの個人に関すること、クラスとしての成熟の度合いや雰囲気などの学級集団に関すること、学級生活の満足感や学校生活の意欲などから学級集団内におけるその子どもの相対的な位置を知ることができる。年度当初から学期中間、学期末など定期的に複数回実施することで、意欲が低下している子どものことやクラスの様子を知ることができ、不登校やいじめの事前把握や、具体的な対応を早期に準備できるため、重宝されている。質問項目の例は表10－5を参照されたい。具体的な対応としては、SGE（構成的グループエンカウンター）やSST（ソー

表 10－5　Q-U テストにおける質問項目例

① クラスの友だちはあなたに親切にしてくれますか
② クラスの中に仲の良い友だちがいますか
③ 難しい問題もすぐにあきらめないで考えてみますか
④ 授業のときに自分の意見を発表するのは好きですか
⑤ あなたのクラスは明るく楽しいですか
⑥ クラスの人からすごいなと言われることはありますか
⑦ クラスにはいろいろなことに進んでとりくむ人がいますか
⑧ みんなのためになることを見つけて実行していますか
⑨ クラスの人に嫌なことを言われることがありますか
⑩ 学校でひとりぼっちでいることがありますか

注：回答は、「4　とてもそう思う」、「3　そう思う」、「2　あまりそう思わない」、「1　そう思わない」の4択でおこなう。

シャルスキルトレーニング）などが奨励されている。

2．便利さゆえの問題点

　子どもを知ることは大切なことである。また子どもを知るための効果的な方法および技術があれば頼もしい。しかし、効果的な方法および技術にも問題がある。先のQ-Uテストに関しては、山本ほか（2014）が次のような問題点を指摘している。

① Q-Uテストは教員の学級分析力を向上させず、調査会社などの第三者が傾向を発見するのみであること。
② 判定結果の信頼性への疑問として、クラスへの満足ないし不満は子どもの目標設定の多様性によって影響されること。たとえば、クラスへの期待が高すぎる子どもと適度に期待する子どもでは現状のクラスの満足度に違いが出る。
③ 既存のクラスに対する適応主義的な性格をもっていること。Q-Uテストの結果に対する具体的な対応として奨励されるSGEやSST

は、問題が、クラスのあり方（営まれている活動や既存のルール）にあるのではなく、積極性が乏しく、ルールを守らない子どもの側にあると考える傾向にある。

　以上のことから、子どもを知るための方法および技術を用いる際には、効果・効率的な面とともにその問題点の認識と対応も考慮しておく必要がある。さらには、子どもを知るとは、だれのために知ろうとするのか、何のために知ろうとするのか、なにを知ろうとするのかという「一人ひとりの子どもの生活や内面にかかわる特殊性」が問われなければならない。教える側のため、授業をしやすくするため、子どもの学力を知るため、の方法および技術では、あまりに偏狭である。子どもを教育・指導の対象としてのみとらえ、操作するための方法および技術は、厳に慎まなければならない。

《注記》
(1) 2016（平成28）年1月18日文部科学省総則・評価特別部会資料「学習評価に関する資料」を参照した。
(2) 子どもが学び得たことをさまざまなメディアを使って実際の世界にどの程度うまく活用させているのかを測るもの。ここでのメディアとは、文字、図・グラフ・絵、実際の行為（演出）など、情報の記録・伝達・保管などに用いられる物や装置、表現活動のことをさす。
(3) ポートフォリオとは「紙ばさみ」のことで、学習過程で生み出される「作品（ワーク）」を蓄積する容器または「作品」のことを言う。ポートフォリオ評価とは学習の結果としての完成品だけでなく、日常の学習過程（コンテキスト）で生み出されてくるさまざまな「作品」を蓄積することを大切にする（メモ書きや小テスト、質問カードやワークシートなど）。また、活動前・過程・まとめの各段階における評価と検討会が重要となる。とくに、教員には検討会における子どもとのねらいや目当ての調整の際に、その力量が問われてくる（子ども自身が自己評価の力をどのように形成するかなど）。
(4) 評定尺度とその内容を記述する指標（そして、具体的なサンプル）から成り立っていて、「評価指針」と訳される場合が多い。評価指針は学習課題に対する子どもの認識活動の質的な転換点を基準として段階的に設定され、指導と学習に

とって具体的な到達点の確認と次のステップへの指針となる。
(5) 2016（平成 28）年 1 月 18 日文部科学省総則・評価特別部会資料「学習評価に関する資料」を参照した。
(6) ペア学習はあるテーマについてまず一人で考え、次に隣同士のペアで意見交換・共有する手法を言い、バズ・セッションはあるテーマについて 4 〜 6 人のグループ討議（司会や記録を必ず決める）を 10 分間程度おこなったあと、グループごとに発表し、全体としての結論にまとめていく技法である。
(7) 未来の学びコンソーシアムが運営し、指導例の具体的な実践事例や支援策を提供している。https://miraino-manabi.mext.go.jp（2023 年 3 月 25 日）
(8) なお、情報手段を活用した学習活動を充実するための国の整備指針等としては、2017（平成 29）年 8 月に「学校における ICT 環境整備の在り方に関する有識者会議」が最終まとめを作成し、同年 12 月には文部科学省が「平成 30 年度以降の学校における ICT 環境の整備方針について」を通知し、「教育の ICT 化に向けた環境整備 5 か年計画（2018 〜 2022 年度）」を策定した。また地方公共団体が、設置する学校を対象とする情報セキュリティポリシーの策定や見直しをおこなう際の参考として、学校における情報セキュリティポリシーの考え方および内容について解説した、2017（平成 29）年 10 月の「教育情報セキュリティポリシーに関するガイドライン」もある。

《引用・参考文献》
青木一ほか編（1988）『現代教育学事典』労働旬報社
田中耕治編（2007）『よくわかる授業論』ミネルヴァ書房
田中耕治ほか（2019）『改訂版　新しい時代の教育方法』有斐閣
山﨑英則編著（2004）『教育実習完全ガイド』ミネルヴァ書房
山本敏郎ほか（2014）『新しい時代の生活指導』有斐閣

第11章　生徒指導およびキャリア教育
（進路指導を含む）の理論と方法

考えてみよう！

　「問題行動」を起こした子どもは、教員から反省文の提出を求められたり自宅謹慎を命じられたりします。また中学3年生になれば、卒業後の進路について、子ども・保護者・担任による三者面談がおこなわれます。こういった場面で教員は、どのような意図をもって子どもにかかわっているのでしょうか。これまでにあなたが過ごしてきた学校園における学習経験や生活経験を振り返って考えてみましょう。

この章の前半で学びたいこと
① 生徒指導およびキャリア教育の意義と原理を理解する。
② 生徒指導およびキャリア教育の体制並びにその進め方とあり方を理解する。
③ 子どもをめぐる生徒指導上およびキャリア教育上の課題への対応のあり方を理解する。

1．生徒指導およびキャリア教育の意義と原理

　生徒指導とキャリア教育の定義、およびキャリア教育と進路指導の関係は次のようになっている。
　2010（平成22）年の『生徒指導提要』（文部科学省　以下「提要」）によると、生徒指導とは、「すべての児童生徒のそれぞれの人格のよりよき発達」と「学校生活がすべての児童生徒にとって有意義で興味深く、充

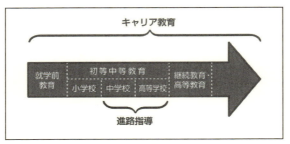

図11-1 キャリア教育と進路指導との関係
注：『中学校キャリア教育の手引き』より転載。

実したものになること」をめざし、「一人一人の児童生徒の人格を尊重し、個性の伸長を図りながら、社会的資質や行動力を高めることを目指して行われる教育活動のこと」である。

2011（平成23）年の『中学校キャリア教育の手引き』（文部科学省 以下「手引き」）によると、キャリア教育とは、「一人一人の社会的・職業的自立に向け、必要な基盤となる能力や態度を育てることを通して、キャリア発達を促す教育」のことである。

キャリア教育と類似した用語に進路指導がある。両者は、「教育活動全体を通じ、計画的、組織的に行われるもの」であること、また「その理念・概念やねらい」においても違いはない。しかし対象となる教育段階が異なる。キャリア教育は、「就学前段階から初等中等教育・高等教育を貫き、また学校から社会への移行に困難を抱える若者（若年無業者など）を支援する様々な機関においても実践される」教育活動であるが、進路指導は、「中学校・高等学校に限定される教育活動」である。したがって以下のキャリア教育という表現は、進路指導を含めたものである。

なおキャリア教育と進路指導との関係は、図11-1を参照されたい。

（1）教育課程における生徒指導とキャリア教育

生徒指導に関して中要領総則では、「生徒が、自己の存在感を実感し

ながら、よりよい人間関係を形成し、有意義で充実した学校生活を送る中で、現在及び将来における自己実現を図っていくことができるよう、生徒理解を深め、学習指導と関連付けながら、生徒指導の充実を図ること」と記されている。その際、「生徒指導は、教育課程における特定の教科等だけで行われるものではなく、教育課程のすべての領域において機能すること」（提要）が求められている。

キャリア教育に関して中要領総則では、「生徒が、学ぶことと自己の将来とのつながりを見通しながら、社会的・職業的自立に向けて必要な基盤となる資質・能力を身に付けていくことができるよう、特別活動を要としつつ各教科等の特質に応じて、キャリア教育の充実を図ること。その中で、生徒が自らの生き方を考え主体的に進路を選択することができるよう、学校の教育活動全体を通じ、組織的かつ計画的な進路指導を行うこと」と記されている。

以上から生徒指導もキャリア教育も、「教育課程のすべての領域」や「学校の教育活動全体」をとおしておこなわれるものであり、特定の教科の中だけでおこなわれるものではないことがわかる。したがってそれらの充実を図るためには、学習指導と関連づけた、組織的・計画的な指導が求められている。

（2）各教科等における生徒指導とキャリア教育
①各教科等における生徒指導

教科における生徒指導では、「教科において生徒指導を充実させることは、生徒指導上の課題を解決することにとどまらず、児童生徒一人一人の学力向上にもつながるという意義」（提要）を理解する必要がある。このような教科指導と生徒指導の相乗効果が発揮されるためには、「授業の場で児童生徒に居場所をつくる」「わかる授業を行い、主体的な学習態度を養う」「共に学び合うことの意義と大切さを実感させる」「言語活動を充実させ、言語力を育てる」「学ぶことの意義を理解させ、家庭

での学習習慣を確立させる」ことが求められている。

　道徳教育における生徒指導では、道徳教育で培われた力が、具体的な生活場面で発揮されるように援助するのが生徒指導の働きであるという両者の位置づけを理解する必要がある。道徳教育は「道徳的な判断力、心情、実践意欲と態度」（中要領）を育てることをめざしているのに対して、生徒指導は「児童生徒一人一人の日常的な生活場面における具体的な問題について指導する場面が多く」（提要）なる。したがって、道徳教育で培われた力が具体的な生活場面で発揮されることは、道徳教育における生徒指導であると理解できる。

　総合的な学習の時間における生徒指導では、「教員の適切な指導の下で総合的な学習の時間を充実させることは、総合的な学習の時間の目標を達成するのみならず、児童生徒一人一人の健全な成長を促し、児童生徒自ら現在及び将来における自己実現を図っていくための自己指導能力の育成にもつながり、そのまま、生徒指導の充実を図ること」（提要）にもつながる。したがって、総合的な学習の時間に自己の生き方を考え、主体的・協働的に学ぶことは、総合的な学習の時間における生徒指導であると理解できる。

　特別活動における生徒指導では、「特別活動の目標を実現するには生徒指導の充実が不可欠」であり、「生徒指導のねらいである自己指導能力や自己実現のための態度や能力の育成は、特別活動の目標と重なる」（提要）。したがって、「『いじめ』や『不登校』等の未然防止等も踏まえ、生徒一人一人を尊重し、生徒が互いのよさや可能性を発揮し、生かし、伸ばし合うなど、よりよく成長し合えるような集団活動」（中解説特別活動）は、特別活動における生徒指導であると理解できる。

②各教科等におけるキャリア教育

　キャリア教育は、「特定の活動や指導方法に限定されるものではなく、様々な学校教育全体の活動を通じて体系的に行われる」ものであるため、各教科等との関連を考慮しながら「キャリア教育の全体計画やそ

れを具体化した年間指導計画を作成すること」(手引き)が大切である。その際、「特別活動を要」とすることに注意する必要がある。これまで学校教育全体でおこなうとされてきたことが、逆に指導場面を曖昧にしてきたからである。小要領・中要領の「学級活動」と高要領の「ホームルーム活動」に「一人一人のキャリア形成と自己実現」という文言が入ったことにより、キャリア教育の視点からの小・中・高のつながりが明確になった。

たとえば、小学校と中学校のつながりを例にすると次のようになる。小学校で「現在や将来に対する希望や目標をもって生きる意欲や態度の形成」をおこない、中学校で「社会生活、職業生活との接続を踏まえた主体的な学習態度の形成」をおこなう。小学校で「社会参画の醸成や働くことの意義と目標」を明確にし、中学校で「社会参画意識の醸成や勤労観・職業観の形成」をおこなう。小学校で「主体的な学習態度の形成」をおこない、中学校で「主体的な進路の選択と将来設計」をおこなう。

2．生徒指導およびキャリア教育の指導体制

(1) 指導体制の基本的な考え方
①生徒指導体制の基本的な考え方

生徒指導体制の確立には、「校内の生徒指導の方針・基準を定め、これを年間の生徒指導計画に盛り込むとともに、授業研修などの校内研修を通じてこれを教員間で共有し、一人一人の児童生徒に対して、一貫性のある生徒指導を行うことのできる校内体制をつくること」(提要)が必要である。その際、「指導体制の方針・基準の明確化・具体化」「すべての教職員による共通理解・共通実践」「実効性のある組織・運営の在り方」という観点から、よりよい生徒指導体制の構築に努めることが大切である。

生徒指導体制における教育相談の機能が発揮されるためには、「学校が一体となって対応することのできる校内体制を構築し、かつ、整備していくこと」が必要である。なお教育相談の詳細については、第13章を参照されたい。

②キャリア教育の指導体制の基本的な考え方

　キャリア教育の指導体制の確立には、全教職員がキャリア教育の目標を共有しながら、適切に役割を分担していかなければならない。その際、中学校と高等学校ではとくに留意すべきことがある。それは、これまでの進路指導体制とキャリア教育の体制との関連をどのように整理するかである。

　1つは、進路指導体制とキャリア教育の体制を別々に構築し、前者の役割を進学先や就職先の決定をめぐる指導に限定するというものである。もう1つは、進路指導体制とキャリア教育の体制を統合し、前者の役割を後者に含めてしまうというものである。いずれにせよ、各学校が定める目標を達成させるため、それぞれの実情に即した体制を構築することが求められている。

(2) 生徒指導の進め方

①集団指導と個別指導

　集団指導と個別指導は、ともに、一人ひとりの子どもが社会で自立するために必要な力を身につけることをめざしている。しかし、前者が集団の活動をとおした指導であるのに対して、後者は、集団から離れた一部の子どもに対する指導と、集団において個に配慮した指導の両方を含んでいる。集団指導と個別指導は車の両輪のような関係にあり、どちらか一方に偏ることなくバランスよく指導する必要がある。

　集団指導の留意点は、集団の目標に向かって励ましあいながら成長できる集団をつくることである。個別指導の留意点は、日常の学校生活をとおして子どもと教員が信頼関係をつくるよう努めることである。

②校務分掌に基づいた指導と年間指導計画

　生徒指導を学校全体で推進していくには、年間指導計画の整備と改善が重要である。そのあり方についてポイントを4点、指摘する。1点は、全教職員が学校の教育目標を共有し、それを達成するための基本方針や重点目標を確立することである。2点は、指導効果を予想しながら指導する時期と内容を検討し、絶えず改善を図ることである。3点は、計画の中に担当部署や担当者名を明記するなどして教職員の当事者意識を醸成し、組織的な指導体制の実現を図ることである。4点は、生徒指導の効果を高めるため、家庭や地域との連携を促進し、生徒指導に関する情報を積極的に家庭や地域に発信することである。

　学級担任や教科担任、その他の校務分掌上の担当者は、学校や担当分掌の年間指導計画などに沿って生徒指導にかかわることになる。生徒指導は全教職員によって進められるべきものであるが、実際の指導では学級担任の果たす役割が大きい。

　そこで学級担任としての立場からの生徒指導に関して、3点、述べておく。1点は、子どもとの直接的なつながりからだけでなく、他の教職員や保護者などとの情報交換をとおして学級の子どもの理解を深めることである。2点は、子ども同士、子どもと教職員との人間関係を調整・改善し、よりよい集団づくりに努めることである。3点は、学級における生徒指導として、予防的な観点に立った日常的な子どもとのかかわり、子どもや保護者の悩みなどに対する教育相談など、担任ならではのきめ細かな生徒指導を大切にすることである。

③基本的な生活習慣の確立や規範意識の醸成に向けた指導

　基本的な生活習慣の確立には、学校・家庭・地域がそれぞれの役割を自覚し、相互に連携してとりくむことが大切である。なぜなら生活習慣は、乳幼児期の家庭生活で育まれた生活習慣を土台とし、地域や学校で出会うさまざまな人たちとの交流をとおして確立していくからである。

　生徒指導をめぐる深刻で多様な問題状況を考慮すると、規範意識の醸

成は喫緊の課題である。規範意識の醸成は校内規律をめぐる生徒指導と密接な関係があることから、学級担任だけではなく、全教職員の共通理解に基づく協力体制を整えるとともに、専門家や関係機関との連携が欠かせない。また各学校の生徒指導の基準を、早い段階で子どもや保護者に周知徹底することも必要である。

④自己の存在感が育まれるような場や機会の設定

生徒指導において、子どもが、行動の基準を自分自身に求める自律性を身につけることはきわめて重要である。そのためには、子どもが主体的にとりくめるような場や機会を設ける必要がある。そのような場や機会が、子どもにとって有意義なものであることは当然であるが、それ以上に、そこでどのような指導をするのかということに留意しなければならない。子どもの主体性を育んでいくために工夫することや、そのような場や機会で果たすべき自分の役割を自覚させること、さらにそれらの前提となる、自己の存在感が感じられるような学級経営や学校経営などが求められる。

（3）ガイダンスとしてのキャリア教育

①キャリア教育の視点をもったカリキュラム・マネジメント

職場体験活動は、体験を重視した教育の改善・充実を図る役割を担うものであり、学校での学習と社会とを関連づけた教育活動としてキャリア教育における中核的なとりくみである。同時にキャリア教育では、職場体験活動を一過性のもので終わらせることなく、他の教育活動も視野に入れ、3年間を見通した系統的な実施計画を立てて実践していくことが望まれる。そのため、カリキュラム・マネジメントがキャリア教育の視点をもたなければならない。

②ガイダンス機能を生かしたキャリア教育

ガイダンス機能（第9章参照）の充実は、子どもが、学校や学級での生活によりよく適応し、豊かな人間関係の中で有意義な生活を送ること

第11章　生徒指導およびキャリア教育（進路指導を含む）の理論と方法

に寄与する。それにともなって、子どもが現在および将来の生き方について考えることができるよう、選択や決定、主体的な活動に関する適切な指導・援助を与えることは、キャリア教育の実践として重要である。

（4）カウンセリングとしてのキャリア教育
①生涯を通じたキャリア形成の視点とポートフォリオの活用
　それぞれの子どものキャリアは、その子どもの生涯にわたる経験の蓄積によって形成される。子どもは、過去から現在に至る自分の経験を振り返ることをとおして、将来への視野を広げる。子どもの自己評価の意義はここにある。そして、効果的な自己評価を可能にするのがポートフォリオである。なぜならポートフォリオは、学習の過程や成果などの記録を計画的に集めたものだからである。その成果物は、作文や作品、写真などで、紙媒体だけでなく電子データの形もあり得る。実際の場面では、ポートフォリオの作成それ自体が大切な学習活動にもなっている。
②キャリア・カウンセリングの考え方と方法
　カウンセリング（第9章参照）では、個々の子どもが抱える課題解決に向けて、それぞれの子どもの状況に応じた、丁寧な指導をおこなうことができる。それゆえ、子どもが抱く進路に関する不安を和らげることや、将来への視野を広げることにつながりやすい。他の教員や各校務分掌の教員と適切な連携を図りながら、定期的なキャリア・カウンセリングの計画を作成することが求められている。同時に、さまざまな機会をとらえて、個に応じたコミュニケーションをとることも必要である。

3．子どもをめぐる生徒指導上およびキャリア教育上の課題への対応

（1）生徒指導に関する法令
　校則の根拠となる法令は存在しない。しかし教育目的を達成するため

必要かつ合理的範囲内において校則を制定し、子どもの行動に一定の制限を加えることは許される。校則の内容は、社会通念に照らして合理的とみなされる範囲内とし、学校や地域の実態に応じて適切に定める必要がある。

　懲戒の根拠となる法令は、学校教育法第11条の「校長及び教員は、教育上必要と認める時は、文部科学大臣の定めるところにより、児童、生徒及び学生に懲戒を加えることができる」である。手続きに関する法令上の規定はないが、子どもや保護者へ懲戒の基準などについてあらかじめ周知しておく必要がある。

　体罰禁止の根拠となる法令は、学校教育法第11条の但書「ただし、体罰を加えることはできない」である。しかし提要によれば、「有形力の行使（目に見える物理的な力）により行われた行為のすべてが体罰に当たる」わけではなく、「教育的指導の範囲を逸脱しているかどうかが判断の分かれ目」となる。

　停学は、学校において教育を受けることができるという法律上の権利の行使を一定期間停止する懲戒のことであり、国公私立を問わず義務教育段階では認められない。停学は校長のみがおこなうことができる。

　退学は、学校において教育を受けることができるという法律上の権利の行使をはく奪する懲戒のことであり、公立の義務教育段階では認められない。退学の事由は、①性行不良で改善の見込がない、②学力劣等で成業の見込がない、③正当の理由がなくて出席常でない、④学校の秩序を乱し、その他学生又は生徒としての本分に反する、という4つである（学校教育法施行規則第26条）。退学は校長のみがおこなうことができる。

(2) 暴力行為・いじめ・不登校の定義と対応

　暴力行為とは、「自校の児童生徒が、故意に有形力（目に見える物理的な力）を加える行為」（「児童生徒の問題行動・不登校等生徒指導上の諸課題に関する調査 - 用語の解説」）と規定されている。

暴力行為への対応にあたっては、「問題を起こした児童生徒との信頼関係に配慮した対話を心がけるとともに、暴力が発生した背景と思われる一人一人の資質・性格や生活環境などを把握し、きめ細かく理解した上で、児童生徒の指導や援助に結び付けていく」（提要）必要がある。
　いじめとは、「児童等に対して、当該児童等が在籍する学校に在籍している等当該児童等と一定の人的関係にある他の児童等が行う心理的又は物理的な影響を与える行為（インターネットを通じて行われるものを含む。）であって、当該行為の対象となった児童等が心身の苦痛を感じているもの」（いじめ防止対策推進法第2条）と規定されている。
　いじめへの対応にあたっては、「『いじめは人間として絶対に許されない』という意識を一人一人の児童生徒に徹底させるとともに、教職員自らそのことを自覚し、保護者や地域に伝えていく」（提要）必要がある。
　不登校の子どもとは、「何らかの心理的、情緒的、身体的あるいは社会的要因・背景により、登校しないあるいはしたくともできない状況にあるために年間30日以上欠席した者のうち、病気や経済的な理由による者を除いたもの」（文部科学省）と定義されている[1]。
　不登校への対応にあたっては、「『心の問題』としてのみとらえるのではなく、広く『進路の問題』としてとらえること」（提要）が求められている。ここで言う進路の問題とは、「狭義の進路選択という意味ではなく、不登校の児童生徒が一人一人の個性を生かし社会へと参加しつつ充実した人生を過ごしていくための道筋を築いていく活動への援助」をさしている。

（3）インターネットや性に関する課題と児童虐待への対応

　インターネットに関する課題への対応にあたっては、「使いすぎや学校などへの不必要な持ち込みなどを注意するとともに、利用時の危険回避など情報の正しく安全な利用を含めた情報モラル教育」（提要）が必要である。加えて、「児童生徒自身が、被害者とならない、加害者とな

らない、加害行為に手を貸さない」という視点にも留意すべきである。
　性に関する課題への対応にあたっては、その前提として、性をめぐる子どもの現状把握が求められる。各学校の子どもや保護者の意識調査などをふまえた、養護教諭をはじめとする他の教職員との連携、また保護者をはじめ警察、その他の関係機関との連携をする必要がある。未然防止と早期対応が求められている。
　児童虐待は、子どもの命が奪われるという問題だけでなく、その後の成長過程において深刻な影響を与える。学校の対応として最低限ふまえておくべきことを3点に分けて説明する。1点は、虐待の定義やその影響と現れ方、対応の仕組みなどについて正確な知識をもつことである。2点は、子どもの様子から虐待を察知することである。その際、被虐待児の行動特徴を、問題行動として誤認しないように気をつけたい。3点は、虐待をめぐる問題を一部の教員や学校だけで対応するのではなく、児童相談所や要保護児童対策地域協議会など地域の関係機関と継続的な連携を図ることである。学校が単独で当該の保護者を指導するというようなことは慎まなければならない。

(4) 家庭・専門家・専門機関との連携

　生徒指導における連携では、事前的視点と事後的視点からとらえることが重要である。前者の視点からの連携は、問題行動の未然防止をめざしている。子どもは、家庭の中だけでなく地域とかかわりながら成長するため、その過程で成長にふさわしくない悪影響も受けざるを得ない。子どもが育つ健全な環境の整備が求められている。
　事後的な視点からの連携は、問題行動の早期対応をめざしている。近年の問題行動は多様化・深刻化しており、対応・解決が容易ではない事例が増えている。そのため、学校だけで解決できない場合は、家庭はもちろん、地域社会における専門家や専門機関と協力して対応することが大切である。

キャリア教育における連携では、家庭だけでなく、地域の企業や職能団体、労働組合などの関係機関、さらに NPO などとの連携も必要不可欠である。充実したキャリア教育を展開していくため、地域の社会資源を有効に活用したい。
　生徒指導とキャリア教育を問わず、「学校、家庭及び地域住民等の相互の連携協力」については、教育基本法第 13 条で、「学校、家庭及び地域住民その他の関係者は、教育におけるそれぞれの役割と責任を自覚するとともに、相互の連携及び協力に努めるものとする」と規定されていることを心に留めておきたい。

さらに考えてみよう！

　教職課程コアカリキュラムの「個別の課題を抱える個々の児童及び生徒への指導」と、提要の「個別の課題を抱える児童生徒への指導」において、暴力行為、いじめ、不登校、インターネットや性に関する課題、児童虐待は共通してとりあげられている。しかし両方とも、「子どもの貧困」には言及していない。しかし、ここに記した個別の課題と子どもの貧困は密接な関係にある。加えて、2014（平成 26）年の「子供の貧困対策に関する大綱」（内閣府）において学校がプラットフォームとして位置づけられた以上、生徒指導の課題として子どもの貧困について検討することは当然と言える。

1．「子どもの貧困」という問題

　2008（平成 20）年は、「子どもの貧困・再発見」の年と呼ばれることがある。この年に偶然、「子どもの貧困」をタイトルに含む書籍が複数、出版されたからである[2]。当時、一部の人たちを除けば、貧困と子どもがセットになったことはショッキングな出来事であり、マスコミでは

センセーショナルに報道された。そのため、「子どもの貧困」という言葉が、現在では当たり前のように使われるようになった。

　子どもの貧困とは、そもそも、どのような状態をさしているのであろうか。子どもの貧困は相対的貧困で示される。相対的貧困とは、その国の等価可処分所得（世帯の可処分所得を世帯人員の平方根で割って調整した所得）の中央値の半分に満たない世帯のことである。そして「子どもの貧困」とは、そのような世帯で暮らしている18歳未満の子どもの存在や生活状況をさしている。2015（平成27）年の子どもの相対的貧困率は13.9%であり、ほぼ7人に1人が相対的貧困状態にある。

　上記から子どもの貧困問題とは、貧困な状態にある家庭に育つ子どもの問題であることがわかる。貧困家庭に育っている子どもに対して何らかのとりくみをしたいのであれば、保護者、すなわちおとなの経済問題にメスを入れる必要がある。なぜなら、貧困家庭で育つことによって子どもが被るさまざまな社会的不利益を解消するには、その子どもが育つ家庭の貧困状態を改善しなければならないからである。

2．「学力向上による子どもの貧困からの脱却」物語

　阿部（2008）は、「子ども期の貧困は、子どもが成長した後にも継続して影響を及ぼしている」として、「15歳時の貧困」が「低い生活水準」を生じさせる流れを下記のように図式化している。

　「15歳時の貧困」→「限られた教育機会」→「恵まれない職」→「低所得」→「低い生活水準」

　上記の図式を敷衍すると、次のような子ども・若者の姿が想像されるであろう。15歳時に厳しい暮らし向きの中で育っている子どもは、教育をめぐる諸条件において不利であるため学力が身につかず、進学に支障をきたす。高等学校に進学しない、あるいは、進学しても中途退学するというような状況に陥ると、非正規労働などの低賃金で福利厚生が貧

弱な職に就かざるを得ない。そのような仕事では得られる収入も少なく、衣食住などにおいて満足できる生活を送ることも困難になる。

このような状況を打開するために登場したのが、「学力向上による子どもの貧困からの脱却」物語である。それは、貧困家庭に育つ子どもが勉学に励み学力を向上させ高等学校に進学し、その後も勉学に励んで卒業時に賃金が高く福利厚生がしっかりしている職に就き、低い生活水準から脱却するという戦略である。

3．「学力向上による子どもの貧困からの脱却」物語の虚構性

(1) 椅子取りゲームの限界

「学力向上による子どもの貧困からの脱却」物語は、椅子取りゲームになるという限界をはらんでいる。その理由は2つある。1つは、高い所得を得ることができる職に就ける可能性の高い学校は限られているということである。そのような学校に入学しようとしても、そこには必ず定員がある。勉学に励み希望する学校に入学できた子どもがいるということは、同時に入学できなかった子どもが存在するということを意味している。

2つは、高い所得を得ることができる職に就ける可能性の高い学校に入学できたとしても、高い所得を得ることができる職は限られているということである。高い所得を得ることができる職に就けた子どもがいるということは、同時にそこから排除された子どもが存在するということを意味している。

仮に、すべての子どもの学力が向上し、すべての子どもが高校を卒業できるようになったとして、その時、すべての子どもに対して高い所得を得ることができる職を用意できるのであろうか。現行の社会のしくみを変えない限り不可能である以上、学習支援者や教員、子どもが、「学力向上による子どもの貧困からの脱却」物語をどれほど実践しても、こ

の物語は限られた椅子を奪いあう椅子取りゲームでしかなく、そこでは必ず勝者と敗者が生み出されるのである。

(2) 環境に影響される学力

そもそも学力は、それぞれの子どもがどのような環境のもとで生まれ育ったのかに大きな影響を受けている。たとえば語学学習をとりあげてみよう。日本語圏で生まれ育った子どもは、いつのまにか日本語に慣れ親しみ、一定の日本語の学力を身につけるが、日本語と同じように英語の学力を身につけることは難しい。一方、英語圏で生まれ育った子どもは、いつの間にか英語に慣れ親しみ、一定の英語の学力を身につけるが、英語と同じように日本語の学力を身につけることは難しい。

ここからわかるのは、学力の獲得に際して、子どもが生きてきた、生きている環境が大きな影響を与えているということである。そうであるならば、なおさら勉学に励み、その差を埋める努力をすべきだという意見があるかもしれない。しかし、ある目的に向かって努力することができるかどうかについても環境が大きな影響を与えている。

苅谷(2001)は、高校生を対象とした1979（昭和54）年と1997（平成9）年の統計調査を分析したところ、出身階層が高いほど学習時間が長いという努力の量に加え、そもそも、努力することができる力に階層差があることを明らかにした。このことは、すべての子どもが、努力することができる力を平等に発揮できるわけではないということ、また、努力することができる力は階層の影響を大きく受けているということを意味している。

「学力向上による子どもの貧困からの脱却」物語は、椅子取りゲームという実態としての限界がある。加えてこの物語は、学力や、学力を下支えする努力することができる力が、生まれ育った環境に大きな影響を受けているにもかかわらず、椅子取りゲームで敗者になった責任を、その子ども個人の問題に収斂させる危険性をもっている。

提要には、集団活動における子どもの自発的・自主的な参加をうながすため、平素から「自己の存在感が感じられるような学校経営や学級経営」が必要であると記されている。椅子取りゲームは、敗者になる子ども、敗者にならざるを得ない子どもを必ず生じさせる。この事実に向きあうならば、なによりもまずしなければならないことは、学力向上のためのとりくみではなく、学校や学級が「自己の存在感が感じられるよう」になること、すなわち学校や学級の居場所化であると考える。

《注記》
(1) 不登校の子どもを、長期欠席との関連で定義すると次のようになる。「学校基本調査」（文部科学省）の「用語の説明」によると、不登校は、長期欠席者数（前年度間に30日以上欠席した者の数。欠席は連続である必要はない）の理由の１つである。したがってこの場合の不登校の子どもは、「『病気』や『経済的理由』以外の何かしらの理由で、登校しない（できない）ことにより長期欠席した者」となる。
(2) 浅井・松本・湯澤（2008）、阿部（2008）、山野（2008）など。

《引用・参考文献》
浅井春夫・松本伊智朗・湯澤直美編（2008）『子どもの貧困──子ども時代のしあわせ平等のために』明石書店
阿部彩（2008）『子どもの貧困──日本の不公平を考える』岩波書店
苅谷剛彦（2001）『階層化日本と教育危機──不平等再生産から意欲格差社会（インセンティブ・ディバイド）へ』有信堂高文社
山野良一（2008）『子どもの最貧国・日本──学力・心身・社会におよぶ諸影響』光文社

第12章 幼児理解の理論と方法

> **考えてみよう！**
>
>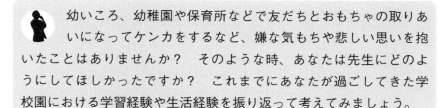
> 幼いころ、幼稚園や保育所などで友だちとおもちゃの取りあいになってケンカをするなど、嫌な気もちや悲しい思いを抱いたことはありませんか？ そのような時、あなたは先生にどのようにしてほしかったですか？ これまでにあなたが過ごしてきた学校園における学習経験や生活経験を振り返って考えてみましょう。

この章の前半で学びたいこと
① 幼児理解についての知識を身につけ、考え方や基礎的態度を理解する。
② 幼児理解の方法を具体的に理解する。

1．幼児理解の意義と原理

(1) 幼稚園教育の出発点としての幼児理解

　幼要領には、「幼児期の教育は、生涯にわたる人格形成の基礎を培う重要なものであり、幼稚園教育[1]は、学校教育法に規定する目的及び目標を達成するため、幼児期の特性を踏まえ、環境を通して行うものであることを基本とする」と記されている。幼稚園教育は、①「幼児の主体的な活動を促し、幼児期にふさわしい生活が展開されるようにすること」、②「遊びを通しての指導を中心として（略）ねらいが総合的に達成されるようにすること」、③「幼児一人一人の特性に応じ、発達の課題に即した指導を行うようにすること」を重視しなければならない。

2010（平成22）年の『幼稚園教育指導資料第3集　幼児理解と評価』（文部科学省　以下「指導資料3」）によれば、「幼児期にふさわしい教育を行う際にまず必要なことは、一人一人の幼児に対する理解を深めること」である。なぜなら幼稚園教育とは、「一人一人の幼児が教師や多くの幼児たちとの集団生活の中で、周囲の環境とかかわり、発達に必要な経験を自ら得ていけるように援助する営み」であるため、「教師は幼児と生活を共にしながら、その幼児が今、何に興味をもっているのか、何を実現しようとしているのか、何を感じているのかなどをとらえ続けていかなければならない」からである。つまり幼児理解は、「一人一人の幼児の発達を着実に促す」教育をおこなうために必要なのである。

（2）幼児理解から発達や学びをとらえる原理

　幼解説によれば、発達とは、自然な心身の成長にともない人が「能動性を発揮して環境と関わり合う中で、生活に必要な能力や態度などを獲得していく過程」である。それは「幼児が友達と体を動かして遊びを展開」するなどの中で、心身の「それぞれの側面が相互に関連し合う」ことによって成し遂げられるものであり、「連続的ではあるが常に滑らかに進行する」ものではない。

　幼児期の望ましい発達を促すには、「ある時期には身に付けやすいが、その時期を逃すと、身に付けにくくなる」という発達の「適時性」を考える必要がある。そして、幼児が「興味や関心をもったものに対して自分から関わろう」とする「能動性が十分に発揮されるような対象や時間、場など」が用意されていること、「活動の展開によって柔軟に変化し、幼児の興味や関心に応じて必要な刺激が得られるような応答性のある環境」が大切である。

　幼稚園においては、「幼児期の発達の特性を十分に理解して、幼児の発達の実情に即応した教育」をおこなうことが求められている。表12－1は、幼解説に示された、幼児期の発達の特性のうち、とくに留意し

表12−1　幼児期の発達の特性のうち、とくに留意しなければならない主なもの

○ 身体が著しく発育するとともに、運動機能が急速に発達する時期である。
○ 次第に自分でやりたいという意識が強くなる一方で、信頼できる保護者や教師などの大人にまだ依存していたいという気持ちも強く残っている時期である。
○ 幼児が自分の生活経験によって親しんだ具体的なものを手掛かりにして、自分自身のイメージを形成し、それに基づいて物事を受け止めている時期である。
○ 信頼や憧れをもって見ている周囲の対象の言動や態度などを模倣したり、自分の行動にそのまま取り入れたりすることが多い時期である。
○ 環境と能動的に関わることを通して、周りの物事に対処し、人々と交渉する際の基本的な枠組みとなる事柄についての概念を形成する時期である。
○ 他者との関わり合いの中で、様々な葛藤やつまずきなどを体験することを通して、将来の善悪の判断につながる、やってよいことや悪いことの基本的な区別ができるようになる時期である。

注：幼解説をもとに作成した。

なければならない主なものである。

　幼児が、幼要領に示されたねらいおよび内容に基づいて「幼児期にふさわしい遊びや生活を積み重ねる」と、「幼稚園教育において育みたい資質・能力」が育っていく。したがって教員は、「遊びの中で幼児が発達していく姿を、『幼児期の終わりまでに育ってほしい姿』を念頭に置いて」とらえる必要がある。幼要領によれば、「幼児期の終わりまでに育ってほしい姿」とは、「ねらい及び内容に基づく活動全体を通して資質・能力が育まれている幼児の幼稚園修了時の具体的な姿であり、教師が指導を行う際に考慮するもの」である。それは、「健康な心と体」「自立心」「協同性」「道徳性・規範意識の芽生え」「社会生活との関わり」「思考力の芽生え」「自然との関わり・生命尊重」「数量や図形、標識や文字などへの関心・感覚」「言葉による伝え合い」「豊かな感性と表現」の10項目から構成されている（「さらに考えてみよう！」で後述する）。

（3）幼児理解を深めるための教員の姿勢

　指導資料3によれば、幼児理解の際に教員は「決め付け」をおこなったり、一般化された基準との照合、あるいは他者比較をとおして優劣の

「評定」をおこなったりしてはならない。教員は、「一人一人の幼児と直接に触れ合いながら、幼児の言動や表情から、思いやりや考えなどを理解しかつ受け止め、その幼児のよさや可能性を理解」する必要がある。このような理解を可能とするのは、教員の「温かい関係を育てる」「相手の立場に立つ」「内面を理解する」「長い目で見る」「共に学び合う」姿勢である。

　そしてなによりも幼児理解は、教員が幼児を一方的に理解しようとすることだけで成り立つものではない。幼児も教員を「理解するという相互理解によるものであると同時に、それは相互影響の過程で生まれたもの」であることを十分にふまえておく必要がある。

２．幼児理解の方法

（１）観察と記録の意義や目的および観察法などの基礎的な事柄

　2013（平成25）年の『幼稚園教育指導資料第5集 指導と評価に生かす記録』（文部科学省　以下「指導資料5」）によれば、幼児理解は「幼児の行動を『記録』することを通して」深めていく必要がある。なぜなら「教師が幼児の行動の小さな手掛かりに気を留めることから幼児の内面の動きを推し量ることによって初めて理解できる」ことも多く、「幼児の心の状態や教師が設定した具体的なねらいが幼児の姿にどのように表れているのか、個別に捉え」なければならないからである。

　記録するために観察し、観察によって得られた情報を編集する営みが保育記録である。指導資料5によれば、保育実践の質を高めるための記録には、「日々の保育の反省記録、幼児一人一人の成長記録、園内研究のテーマに合わせた実践記録、あるいは保護者との連携を図るための記録など」がある。文字による記録が主であるが、写真やビデオなどの映像記録、イラストなどで表した記録もある。大切なのは、記録を保育に生かすために、「記録の目的を意識し、その目的に応じた方法を考えて

表12−2　記録の様式や方法、特徴

様式	方法	特徴
名簿に書き込む記録（1日単位）	1日ごとに名簿枠を作成し、幼児一人一人について印象に残ったことを記録する。	一人一人の幼児の行動が分かる／誰を見て誰をよく見ていなかったのか自覚できる／幼児の明日の行動の予測をすることができる。
名簿に書き込む記録（週単位）	幼児一人一人について1週間ごとの名簿枠を作成し、1週間を通して読み返せるように記録する。	日の記録では捉えられないその幼児の印象が浮かんでくる／一人一人の幼児の遊びの推移が分かる／幼児一人一人の特性を教師や友達、環境と関係付けながら捉えることができる。
一定の枠組みを決めて書く記録	目的に応じて一定の枠組みを決めて記録する。	テーマに応じて欲しい情報を得る手がかりとして活用できる／環境とのかかわりを丁寧に記録することで幼児が遊びの中で何に興味をもち、何を経験しているのか理解することができる／教師とのかかわりを丁寧に記録することで、幼児と教師の双方向性を大切にしながら環境と援助を工夫することができる／記録を重ねることによって幼児の発達と教師の指導を検討するデータベースとして活用できる。
日案に書き込む記録	遊びの姿を日案に記録する。	遊びのメンバーや楽しんでいる内容を連続した視点で捉えることができる／同じ遊びでも、幼児によって取り組み方や楽しみ方が異なることを再確認することができる／幼児同士の関係を捉えることができる／幼児の体験のつながりを意識した保育を構想することができる／記録を翌日などの保育のねらい・内容、環境の構成・援助に生かすことができる／幼児の育ちの読み取りや計画の妥当性について計画と関連付けて振り返ることができる。
学級全体の遊びを空間的にとらえる記録	園の環境図に、どこで誰が何をして遊んでいるのか、学級の中で遊びを空間的に捉えて記録する。	どこでどのような遊びが展開されているかなど、遊びを空間的に捉えることができる／幼児の遊びや動きを視覚的に捉えることができる／幼児同士の関係、遊びと遊びの関係を捉えることができる／幼児の内面と遊びの方向性を予測し、どのような援助が必要かを考えることができる／継続して記録することにより遊びの広がりや人間関係の深まり、遊びを規定する環境との関係を捉えられるようになり、必要な援助を考えて保育を構想しようとするようになる。

注：指導資料5をもとに作成した。

使い分けたり、工夫したりする」ことである。それぞれの記録の様式や方法、特徴を表12－2に示しておく。なおそれぞれの記録がどのようなものであるのかは指導資料5を参照されたい。

（2）個と集団の関係をとらえる意義や方法

　指導資料3によれば、幼児の発達は「教師と大勢の同年代の幼児が共に生活することを通して行われるもの」である。すなわち、「一人一人の幼児の発達は、集団のもつ様々な教育機能によって促される」と言える。そのため教員には、「個々を見る目と集団を見る目の両方が必要」である。「幼児の集団としての姿と一人一人の姿とは互いに独立したものではないので、全体をとらえていくことで、一人一人の発達やその子らしさ」がよくみえてくる。

　たとえば、人に対する信頼感や思いやりの気もちは、「葛藤やつまずきをも体験し、それらを乗り越えることにより次第に芽生えてくる」ものであるが、そこに至る道のりはさまざまである。つまずきから、一人で気もちを立て直せる幼児もいれば、教員が幼児の「心のよりどころ」となるような「適切な援助」をおこなうことではじめて気もちを立て直せる幼児もいる。また同じ幼児であっても、その時々の状況によって葛藤やつまずきからの乗り越え方は異なってくる。そのため教員は、「集団と個々の幼児との関係を受け止め」ながら、具体的な保育の手立てを判断していく必要がある。

（3）保護者の心情と基礎的な対応方法の理解

　近年、「都市化、核家族化、少子化、情報化などの社会状況が変化」する中で、子どもに「どのように関わっていけばよいのか悩んだり、孤立感を募らせる保護者」が増加している。そのため、「幼稚園の運営に当たっては、子育ての支援のために保護者や地域の人々に機能や施設を開放して、（略）幼児期の教育に関する相談に応じたり、情報を提供し

たり、幼児と保護者との登園を受け入れたり、保護者同士の交流の機会を提供したりするなど、幼稚園と家庭が一体となって幼児と関わる取組」に努めなければならない。幼稚園は、園児の保護者だけでなく、地域の人びとを対象として「子育ての支援」をおこなう必要がある。

そして、子育ての支援にあたっては、悩みや不安を感じている保護者に対して、「その思いを十分に受け止めながら、保護者自身が自分の子育てを振り返るきっかけをつくったり、子育てについて学ぶ場面をつくったりするなどして、家庭の教育力の向上につなげていく」ことが求められている。また幼稚園は、「幼児期の教育のセンターとしての役割」を家庭や地域との関係において果たすことが期待されている。

さらに考えてみよう！

2017（平成29）年、幼要領の第5次改訂に合わせて保育所保育指針、幼保連携型認定こども園教育・保育要領も改訂された。この改訂において、幼稚園、保育所、認定こども園を問わず、幼児期の施設でおこなわれる3歳以上児の教育は「幼児教育」であると定められた。そしてそれぞれの要領、指針の総則において、「育みたい資質・能力」と「幼児期の終わりまでに育ってほしい姿」が共有すべき事項として記された。また3歳以上児の5領域[2]における「ねらい」「内容」「内容の取扱い」についても統一された。いずれの施設に通っても共通した幼児教育が提供されるという点においては、望ましい改革と言えるのかもしれない。しかし統一して提供される幼児教育が、指導資料3や指導資料5をとおして確認した幼児教育にそぐわないものであれば由々しき事態となる。たとえば改訂により、子どもに対して他者比較で優劣の評定がおこなわれるようなことは起こらないのであろうか。第5次改訂で求められるようになった幼児教育について検討したい。

1.「到達目標」で子どもが評価される幼児教育

　幼要領は 1956（昭和 31）年に策定されてから、これまでに 5 回改訂されている。そのうち 1989（平成元）年の第 2 次改訂は 6 領域[3]が 5 領域へと変更されるなど全面改訂となり、それ以降の要領の原型となった。したがって 1998（平成 10）年の第 3 次改訂、2008（平成 20）年の第 4 次改訂でも大きな変更はおこなわれていない。しかし 2017（平成 29）年の第 5 次改訂では、幼稚園教育の根幹とも言える部分に大きく変更が加えられた。

　これまで幼要領において「ねらい」とは、「幼稚園修了までに育つことが期待される生きる力の基礎となる心情、意欲、態度」（傍点筆者）であると記されていた。高杉・平井・森上（1989）によれば、「『ねらい』というのは、方向性」（p.107）を示しており、子どもに「どうしてほしいかなとか、こうなるといいなとか思うこと」（p.154）であり、「願いみたいなもの」（p.154）、つまり方向目標であった。ところが、現行幼要領において、それは「幼稚園教育において育みたい資質・能力を幼児の生活する姿から捉えたもの」（傍点筆者）であると変更された。教員の考える、子どもに「育みたい」資質や能力がねらいとして提示されることになった。

　加えて第 5 次改訂では、小学校との教育内容の接続を図るために、10 項目の「幼児期の終わりまでに育ってほしい姿」（以下「10 の姿」）が新たに登場した。幼解説では 10 の姿は「到達すべき目標ではない」とされているが、同時に、幼稚園と小学校の教員が、それを「手掛かりに子供の姿を共有する」ことが期待されている。そして小解説総則では、10 の姿を「踏まえた指導を工夫することにより、幼稚園教育要領等に基づく幼児期の教育を通して育まれた資質・能力を踏まえて教育活動を実施」できるように配慮した教育課程編成が求められている。

　また 10 の姿は評価の視点に加えられており[4]、10 の姿を盛りこんだ

指導要録の様式参考例も文部科学省から示されている。このような変更点を考慮すると、やはり、ねらいは、子どもの到達地点が示される到達目標へと変更されたと言える。

これからの幼児教育が10の姿に到達しているか否かで子どもを評価するようになりはしないかと危惧される。そのような事態に陥らないために、次の岡本（1983）の言葉をしっかりと胸にきざんでおきたい。

> 私たちは、すぐにテスト式に、あれはできるか、これはできるかということに目をむけがちですが、それよりもその子が日々の生活や遊びの中で、どのようなことを現にしているかに目をむけることから出発してこそ、その子のほんとうの理解につながるのでしょう。(p.45)

2．関係をとおして個人が育つ幼児教育

10の姿は到達目標として扱われることさえなければ問題がないと言えるのであろうか。幼要領に示された10の姿における「健康な心と体」では、「自ら健康で安全な生活をつくり出すようになる」ために「自分のやりたいことに向かって」働く心と体が求められている。しかし障害があって心や体を十分に働かせるのが難しい子もいれば、障害がなくても心や体を十分に働かせるのが難しい時もある。そのような場合にこそ、「健康で安全な生活」がより必要となるはずである。ところが10の姿では、このような子どもの姿は想定されていない。多様な子ども、さまざまな状況にある子どもがいることを勘案すれば、「健康な心と体」とは、「自ら健康で安全な生活をつくり出すようになる」ためにではなく、多様でさまざまな状況にある子どもが、互いにつながりあって共に生きるために働くしなやかな心と体[5]であると言える。

また「自立心」では、「しなければならないことを自覚し、自分の力

で行うために考えたり、工夫したりしながら」やり遂げることが求められている。しかし子どもは、「しなければならない」からではなく、「やってみたい」と心が動くからこそ、考えたり、工夫したりしてやり遂げようとするのであり、周りの人と共にあるからこそ「達成感を味わい、自信をもって行動するようになる」。ところが10の姿では、このような子どもの姿は想定されていない。自立は依存に支えられている[6]ということを勘案すれば、「自立心」とは「自分のことは自分で行い、自分でできないことは教職員や友達の助けを借りて、自分で行う」（幼児期の教育と小学校教育の円滑な接続の在り方に関する調査研究協力者会議 2010 p.22）というように、他者の助けを借りたとしても結局は自分でおこなうことによって育まれるものではなく、そもそも多くの人に支えられていることにより育まれるものであると言える。

　紙幅の関係で10の姿のすべてについて述べることはできない[7]。しかし上記2つの姿をふまえると、子どもに10の姿を育てようとしているのは、もてる力を増やし、自己責任でこの社会を生き抜く強い個人を育てるためではないかと考えられる。

3．人権を大切にする心と幼児教育

　第5次改訂で、幼稚園、保育所、認定こども園の教育部分について、可能な限りの統一が図られたことについては既述した。ただこのような動きにより、すでに保育所保育指針に盛りこまれている、子どもの人権に関する記述が幼要領にも登場するのではないかと期待された。2016（平成28）年の児童福祉法改定では、同法に子どもの権利条約の理念が盛りこまれ、子どもの最善の利益や意見表明権の尊重について明記されたので、なおさらのことであった。しかし幼要領に子どもの人権に関する記述は盛りこまれなかった[8]。むしろ、国歌や唱歌の指導などからみてとれるように、子どもが自分の考えを表現したり、自分の信じるも

のを妨げられたりする可能性が予測されるなど、子どもの権利条約に逆行するかのような動きであった[9]。

　しかし幼児教育は、なにができ、なにができないかで子どもを評価し、おとなが主導して子どもに10の姿で示された力をつけさせる教育であってはならない。そのような教育は、さまざまな状況にある多様な子どもが共に育ちあうことを難しくする。幼児教育は、たとえ幼要領に記されていなくても、人権を大切にする心が育まれるような教育でありたい。一人ひとりの子どもの思いを受け止め、その思いに寄り添い、一緒に悩んだり考えたり、一緒に喜んだり悲しんだり、時には一緒にあきらめたりしながら、子どもと共に暮らしを紡ぎ出す教育をめざしたい。人権を大切にする心は、国籍・性・家庭の経済状況などの違い、障害や医療的ケアの有無などで子どもを分けることなく、さまざまな状況にある多様な子どもが共に育ちあう教育であるからこそ育めるものなのである。

　10の姿をめぐっては、子どもの最善の利益を核にすえた幼児教育の本質にせまる議論が求められている。

《注記》
(1) 幼稚園に入園できるのは満3歳から小学校就学の始期に達するまでの幼児である（学校教育法第26条）。
(2) 領域というのは「子どもの発達を見る視点」（高杉・平井・森上1989　p.108）である。要領などでは以下の5つの領域を編成している。①心身の健康に関する領域「健康」、②人との関わりに関する領域「人間関係」、③身近な環境との関わりに関する領域「環境」、④言葉の獲得に関する領域「言葉」、⑤感性と表現に関する領域「表現」。
(3) 6領域は、健康、社会、自然、言語、音楽リズム、絵画製作で構成されていた。
(4) 第5次改訂に際し、文部科学省から「『幼児期の終わりまでに育ってほしい姿』は、五歳児後半の評価の手立てともなるもの」であり、「評価の視点として、（略）5歳児については『幼児期の終わりまでに育ってほしい姿』を踏まえた視点を新たに加える」（文部科学省2017　p.17）と説明された。
(5) 部落差別からの解放をめざし、子どもの人権保障にとりくんだ部落解放保育で

は、「相手をうけ入れるからだをだいじにしていきたい」との考えから、「しなやかなからだ育て」にとりくまれてきた。詳しくは、全国解放保育連絡会編（1998 pp.12-17）を参照されたい。近年、政府は、度重なる大災害の教訓から、「強さとしなやかさ」を備えた国土・経済社会システムの構築をめざすようになった。また、2016（平成 28）年 5 月に当時の文部科学大臣は、不透明な時代を、「たくましく、しなやかに」生きていく人材を育てることをめざして「教育の強靭化」というメッセージを発表している。しかし、解放保育がとりくんできた「しなやかさ」は、「相手をうけ入れる」関係性の中で発揮されるしなやかさであり、国土や教育の「強靭化」で語られるしなやかさとは質を異にするものである。

(6) 「自立とは多くの人に依存すること」（p.19）であり、「依存する相手が増えるとき、人はより自立する」（p.24）のである。詳しくは安冨歩（2011）を参照されたい。

(7) 10 の姿の「社会生活とのかかわり」では、「地域の身近な人と触れ合う」「地域に親しみをもつ」ことの大切さ、「自然との関わり・生命尊重」では、「自然に触れて感動する体験」の大切さに言及されている。東京電力福島第一原子力発電所の事故により、帰還困難区域に指定された地域に位置していた幼稚園の関係者は、この文言をどのような思いで読んだのであろうか。地域の身近な人たちは各地に避難し、地域に親しみをもちたくてもそこに足を踏み入れることすらできない。人体に悪影響のある高い放射線量では自然に触れることもできない。このようなことからも、10 の姿が、多様な現実の子どもの姿から出発していないことを痛感せざるを得ない。

(8) 保育所保育指針では 1999 年の改訂時に子どもの人権に関する記述が盛りこまれた。

(9) 子どもの権利条約第 13 条は「表現・情報の自由」、第 14 条は「思想・良心・宗教の自由」について記されている。小沢（1996）は、前者の権利を第 12 条の意見表明権と併せてとらえ、子どもが「考えを表現し、それを伝え、仲間をつくり交流することで、はじめて意見にいのちを吹きこみ、関係を生み出し、展開させてゆくこと」（p.59）ができると述べている。また後者について、「思想とは、自分の考えということです。良心とは、自分の考えに忠実であるということ、宗教の自由とは、自分の信ずるものを妨げられないということ」（p.66）と述べている。

《引用・参考文献》

岡本夏木（1983）『子どもと教育を考える 1　小学生になる前後』岩波書店

小沢牧子（1996）『子どもの権利・親の権利——「子どもの権利条約」をよむ』日外アソシエーツ

全国解放保育連絡会編（1998）『こんな保育をめざしたい——四つの指標と六つの

原則』解放出版社
高杉自子・平井信義・森上史朗（1989）『'89告示 幼稚園教育要領の解説と実践〔2〕幼稚園教育の内容』小学館
文部科学省（2010）『幼稚園教育指導資料第3集　幼児理解と評価』ぎょうせい
文部科学省（2013）『幼稚園教育指導資料第5集　指導と評価に生かす記録』チャイルド本社
文部科学省（2017）『初等教育資料』No.951、東洋館出版社
安冨歩（2011）『生きる技法』青灯社
幼児期の教育と小学校教育の円滑な接続の在り方に関する調査研究協力者会議（2010）「幼児期の教育と小学校教育の円滑な接続の在り方について（報告）」 http://www.mext.go.jp/b_menu/shingi/chukyo/chukyo3/057/siryo/attach/1364730.htm（2019年3月30日）

第13章 教育相談の理論と方法

> **考えてみよう！**
>
> 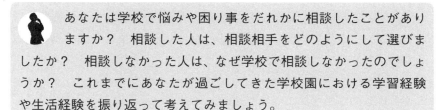あなたは学校で悩みや困り事をだれかに相談したことがありますか？　相談した人は、相談相手をどのようにして選びましたか？　相談しなかった人は、なぜ学校で相談しなかったのでしょうか？　これまでにあなたが過ごしてきた学校園における学習経験や生活経験を振り返って考えてみましょう。

> **この章の前半で学びたいこと**
> ① 学校における教育相談の意義と課題を理解する。
> ② 教育相談を進める際に必要なカウンセリングに関する基礎的知識を理解する。
> ③ 教育相談の具体的な進め方やそのポイント、組織的なとりくみや連携の必要性を理解する。

1．学校における教育相談の意義と課題

（1）学校教育相談の意義

　2017（平成29）年の「児童生徒の教育相談の充実について〜学校の教育力を高める組織的な教育相談体制づくり〜（報告）」（教育相談等に関する調査研究協力者会議）において、学校における教育相談（以下「学校教育相談」）に関する「基本的な視点や取組の指針となる提言[1]自体の考え方は今でも変わらぬ妥当性を有する」が、時代状況の変化を受けて、新たに付加すべき点について検証が必要であると言及された。時代

状況の変化とは、いじめ、小学生の暴力行為、小・中学生全体に占める不登校児童生徒数割合の増加、他職種の専門スタッフと連携・分担する「チーム学校」の体制整備、「地域とともにある学校」への転換などをさしている。新たに付加すべき点については3節で述べることとし、以下では、学校教育相談の「基本的な視点や取組」について、2010（平成22）年の『生徒指導提要』（文部科学省）に沿ってみていく。

　学校教育相談とは、「児童生徒それぞれの発達に即して、好ましい人間関係を育て、生活によく適応させ、自己理解を深めさせ、人格の成長への援助を図るもの」である。それは、「決して特定の教員だけが行う性質のものではなく、相談室だけで行われるもの」でもない。またそれは、生徒指導と次のような点において異なっている。生徒指導は、「主に集団に焦点を当て、行事や特別活動などにおいて、集団としての成果や変容を目指し、結果として個の変容に至るところ」をめざすものであるが、教育相談は、「主に個に焦点を当て、面接や演習を通して個の内面の変容を図ろうとする」ものである。したがって、子どもの「問題行動に対する指導や、学校・学級の集団全体の安全を守るために管理や指導を行う部分」は生徒指導の領域であるのに対し、子どもの問題行動を「自分の課題として受け止めさせ、問題がどこにあるのか、今後どのように行動すべきかを主体的に考え、行動につなげるようにする」のは教育相談の領域になる。教育相談は、生徒指導の一環として位置づけられるものであり、その中心的な役割を担うものである。

（2）学校教育相談の利点と課題

　学校教育相談の利点は、①「早期発見・早期対応が可能」、②「援助資源が豊富」、③「連携が取りやすい」という3点である。教員は日ごろから子どもと接しており、家庭環境や成績など多くの情報を得ることができるため、小さな兆候（サイン）をとらえて、事態が深刻化する前に早期に対応することができる（①）。また学校には、学級担任だけで

なくさまざまな立場の教員、スクールカウンセラー、スクールソーシャルワーカーなどがいるため、多様な視点からの見立てや支援ができる（②）。加えて、困難な問題の解決にあたっては、相談機関、医療機関、児童相談所等の福祉機関、警察等の刑事司法関係の機関などとの連携がとりやすい（③）。

　他方、課題は、⑦「実施者と相談者が同じ場にいることによる難しさ」、⑦「学級担任・ホームルーム担任が教育相談を行う場合の葛藤」の2点である。相談をおこなう教員と相談する子どもは、学校という同じ場で生活しているため、相談場面以外の人間関係が相談に反映しがちであり、子どもが安心して相談するという気もちを妨げることがある（⑦）。また、子どもの問題行動などについて、教員はそのような問題行動を起こさざるを得なかった背景を理解して子どもの気もちを受け止めると同時に、問題行動への指導もおこなう必要があるため、同時に異なる役割を担う難しさがある（⑦）。このような課題を勘案すると、他職種の専門スタッフと連携・分担する「チーム学校」の体制づくりが、学校教育相談の観点からも求められている。

2．学校教育相談に必要なカウンセリングの基礎的知識

（1）来談者を中心とするカウンセリング

　『生徒指導提要』では、学校教育相談の代表的な形態として、個別相談、グループ相談、チーム相談、呼出し相談、チャンス相談、定期相談、自発相談などがあげられている。また代表的な方法として、面接相談、電話相談、手紙相談、FAX相談、メール相談などがあげられている。

　これらの相談ではどのような技法が用いられるのであろうか。ここでは、学校教育相談に影響を与えたと言われるロジャーズ（Rogers, C.R.）の来談者中心療法を概観する。来談者中心療法とは、クライエントの能力や可能性を信頼し、クライエントを中心にして、クライエントとカウ

ンセラーの共感的で受容的な関係のもとに援助を進めることである。カウンセラーの態度条件（中核条件）として、ⓐカウンセラーの純粋性または自己一致、ⓑ共感ないし共感的理解、ⓒ無条件の肯定的関心もしくは受容の3つが重要である。

　カウンセラーが、クライエントの体験するすべての部分に積極的な関心を示し、温かく受容し（ⓒ）、クライエントの体験する内なる世界を、あたかも自分自身のものであるかのように感じ取り、それをフィードバックしていく（ⓑ）ことにより、クライエントは安心してありのままの自分と向き合い、その内的な世界を主体的に探求できるようになる。そのためカウンセラーには、共感や受容の態度を支える前提条件である、ありのままの自分に気づいており、偽りのない、防衛的でなく接する態度（ⓐ）が求められている。

（2）学校教育相談で用いるカウンセリング技法

　学校は治療機関ではなく教育機関であり、教員はセラピストやカウンセラーではない。しかし教員が、ロジャーズの来談者中心療法を生かして教育相談をおこなうことができれば、学校教育相談はより効果的に機能するであろう。『生徒指導提要』では学校教育相談で用いるカウンセリング技法として表13－1で示した8つが紹介されている。

3．学校教育相談の展開

（1）学校教育相談の体制づくり

　不登校、いじめや暴力行為などの問題行動、子どもの貧困、児童虐待などについては、「事案が発生してからのみではなく、未然防止、早期発見、早期支援・対応、さらには、事案が発生した時点からの事案の改善・回復、再発防止まで一貫した支援に重点をおいた体制づくりが重要である」（教育相談等に関する調査研究協力者会議 2017）。

表 13 − 1　学校教育相談で用いるカウンセリング技法

つながる言葉かけ	いきなり本題から始めるのではなく、始めは相談に来た労をいたわったり、相談に来たことを歓迎する言葉かけ、心をほぐすような言葉かけを行います。
	例：「部活のあと、ご苦労さま」「待ってたよ」「緊張したかな」など
傾聴	丁寧かつ積極的に相手の話に耳を傾けます。よくうなずき、受け止めの言葉を発し、時にこちらから質問します。
	例：「そう」「大変だったね」など
受容	反論したくなったり、批判したくなったりしても、そうした気持ちを脇において、児童生徒のそうならざるを得ない気持ちを推し量りながら聞きます。
繰り返し	児童生徒がかすかに言ったことでも、こちらが同じことを繰り返すと、自分の言葉が届いているという実感を得て児童生徒は自信を持って話すようになります。
	例：児童生徒「もう少し強くなりたい」教員「うん、強くなりたい」
感情の伝え返し	不適応に陥る場合には、自分の感情をうまく表現できない場合が少なくありません。少しでも感情の表現が出てきたときには、同じ言葉を児童生徒に返し、感情表現を応援します。
	例：児童生徒「一人ぼっちで寂しかった」 教員「寂しかった」
明確化	うまく表現できないものを言語化して心の整理を手伝います。
	例：「君としては、こんな風に思ってきたんだね」
質問	話を明確化する時、意味が定かでない時に確認する場合、より積極的に聞いているよということを伝える場合などに質問を行います。
自己解決を促す	本人の自己解決力を引き出します。
	例：「君としては、これからどうしようと考えている？」「今度、同じことが生じたとき、どうしようと思う？」

注：『生徒指導提要』をもとに作成した。

　そのためには、校内関係職員（生徒指導担当、教育相談担当、養護教諭、特別支援コーディネーター、スクールカウンセラー〈以下「SC」〉、スクールソーシャルワーカー〈以下「SSW」〉など）や校外関係職員（児童相談所、病院、警察、児童館などの職員）との連携が不可欠である。関係者によるスクリーニング会議（早期から組織として気になる事例を洗い出し検討するための会議）を定期的に実施し、解決すべき問題や課題のある事案については、必ずケース会議（支援・対応策を検討するための会議）を実施する体制づくりが求められる。また、このような組織的な連携・支援体

制を維持するためには、子どもの状況、学校外の関係機関との役割分担、SC や SSW の役割などを十分に理解し、初動段階のアセスメントや関係者への情報伝達などをおこなうコーディネーター役の教員が校内に必要となる。そしてその教員は SC や SSW の役割を十分に理解しておかなければならない。

(2) スクールカウンセラー、スクールソーシャルワーカーとの連携

　SC や SSW はどのような職務を担うのであろうか。SC には心理に関する高度な専門的知見をもつ者としての役割が求められており、SSW にはソーシャルワークの価値・知識・技術を基盤とする福祉の専門性をもつ者としての役割が求められている。教育相談等に関する調査研究協力者会議（2017）によれば、不登校、いじめなどを学校として認知した場合、SC の役割は、「個別の子どもへのカウンセリングや、授業参観等をおこない、心理的課題および健康面の課題に関し、状況や要因を把握し、支援方法について立案」することである。一方、SSW の役割は、「子どもや保護者等との個別面談、家庭訪問、地域からの聞き取り等をもとに、アセスメントをおこない、支援計画を立案」することである。

(3) 各種機関との連携

　子どもが心や体の病気にかかった場合は医療機関、両親不在や養育困難などについては児童相談所、不登校の子どもに対する支援については民間施設や NPO というように、学校は、さまざまな専門機関と連携しながら子どもへの援助を進めていく必要がある。

　子どもの状況に応じた具体的な対応につなげていくためにも、学校教育相談におけるアセスメントは重要な役割を担う。たとえば、子どもに多動、盗みや火遊びの繰り返し、自傷行為、激しい暴力やパニック、断続的な欠席、下校渋り（帰宅拒否）などの行動がみられる際、このような子どもの行動が生徒指導の課題であるのか、特別の教育支援が必要と

される課題であるのか、あるいはまた、虐待対応が求められているのか、というようなアセスメントが適切におこなわれなければならない。仮に虐待が疑われるような深刻かつ困難な事態が生じた際、その対応にかかわる地域の諸機関と即座に連携して対応することも必要となる。そのためには、日ごろより諸機関と連携をとってネットワークを構築しておくことが重要である。

さらに考えてみよう！

　ポニーテール禁止、白色以外の下着着用不可などの「ブラック校則」が横行している。子どもの権利条約批准から四半世紀が経過したにもかかわらず、子どもの権利保障に逆行していると言わざるを得ない校則が存在している。ペットボトルは持参不可なのに、それにカバーをかぶせると持参可になるなど、禁止理由が不可解で理不尽と思えるような校則も多い。教員が決めた校則に違反した子どもを学校内に入れないというような実態もある。このような厳しい指導に比べると学校教育相談は、子どもの話を傾聴し、子どもを受容する営みであり、教員による権力作動とは無関係と考えられがちであるが、そうであろうか。また学校教育相談が、子どもの権利侵害に関する相談を受けた場合、どこまでの対応が可能であろうか。

1．権力的な営みとしての学校教育相談

　学校教育相談は、「児童生徒それぞれの発達に即して、好ましい人間関係を育て、生活によく適応させ、自己理解を深めさせ、人格の成長への援助を図る」という目的行為である。すなわち子どもは、学校教育相談をとおして、望むと望まざるとにかかわらず、好ましい人間関係の構築や生活適応、深い自己理解などに向けて導かれるのである。学校教育

相談は、たとえ来談者中心療法を基盤としていても、教育関係の中でおこなわれる限りにおいて権力的な営みと言える。これについて広田（2003）は次のように述べている。

　体罰や管理教育のような、突出した病理的事例にのみ権力が作動しているのではない。教室で教師が何かをしゃべり、めいめいの机に向かって座った生徒が黙ってそれを聞くとき、あるいは、悩みを抱えた生徒を教師が発見し、「何かあったのか？」と生徒に訊くとき、権力はすでに働いている。（略）教育関係を成り立たせている、あらゆる場面において、権力は作動しているのである。（略）本人が望むような他者からの介入は、権力性のない「教育」で、本人が望まないものは「権力」だ、というのではなくて、本人が望もうが望むまいが、「教育」とは、権力的な営みなのだという前提から、物事を見ていく必要があるのである。（pp.12-13）

学校教育相談が権力的な営みであるのなら、いっそのことやめてしまえばよいと極論に走る人がいるかもしれない。しかし、広田はさらに次のように述べている（広田 2003）。

　だからといって、まったく権力を捨て去ってしまうこと、すなわち「教育」関係を放棄・拒否するところに、解放や自由の新たな展望が見えてくるとも思われない。（略）権力を放棄した地点では、子供の側の混乱と無秩序が生まれるだけである。だから、われわれは、過剰な権力性を帯びないようにしながら、教育するという権力をいかに組織化するか、という限界を、意識的に設定する必要がある。（pp.14-15）

学校教育相談が過剰な権力性を帯びないようにするために、どのよう

な手立てを講じることができるであろうか。その1つは、教育の場を心理主義化させないことである。たとえば不登校やいじめの背景に、教員による体罰や、家庭における虐待や貧困などの問題が潜んでいることも少なくない。ところが、教育の場が心理主義化されると、不登校やいじめが当事者である子どもの心の問題にすり替えられ、その子の生活の中にあるさまざまな課題に目が向けられなくなる可能性がある。体罰や虐待、貧困などの本来の問題に分け入ることなく、相談活動をとおして「生活によく適応」することだけが求められるようなことになれば、学校教育相談は、子どもにとってきわめて抑圧的なものと化し、たちまち過剰な権力性を帯びてしまうに違いない。

2. 子どもの権利擁護をおこなうための相談活動

(1) 第三者機関の必要性

　学校教育相談が権力的な営みであることに自覚的になり、その心理主義化を回避すれば、子どもの安心、安全は守られるのであろうか。たとえば、友だち関係の悩みで不登校傾向にある子どもであれば、学校教育相談を利用し、適切な対応がなされることにより、状況が改善するかもしれない。しかし、理不尽な校則による厳しい指導が学校の体質として常態化しており、そのことにより不登校傾向にある子どもの場合、学校教育相談にアクセスしても状況が改善するとは考えにくい。このような事案については、学校とは異なる立場で子どもの相談を受ける学校外の機関、子どもがみずから相談できる第三者機関が必要となる。

　このような第三者機関の必要性については、国連の「子どもの権利委員会」[2]による「総括所見」においてたびたび指摘されている。第1回の総括所見（1998〈平成10〉年）では、「主要な懸念事項」の1つとして、「子どもたちの権利の実施を監視する権限を持った独立機関が存在しないこと」が指摘された。第2回の総括所見（2004〈平成16〉年）で

は、「条約の実施を監視する独立したシステムが全国規模で存在しないこと」が指摘された。そして第3回の総括所見（2010〈平成22〉年）でも、「条約の実施を国レベルで監視する独立の機構が存在しない」ことに懸念が示された。この第3回の総括所見から10年近くが経過した現在も、子どもの権利擁護機関の設置は遅々として進んでいない。

（2）川西市子どもの人権オンブズパーソン

　国レベルでの子どもの権利擁護機関の整備はいっこうに進まないものの、地方自治体で子どもの権利擁護機関を整備したところがある。たとえば、第2回総括所見の中には、「同時に委員会は、3つの自治体が地方オンブズマンを設置したという情報」を歓迎すると記されている。3つの自治体に設置された地方オンブズマンというのは、川西市子どもの人権オンブズパーソン（兵庫県）、川崎市人権オンブズパーソン（神奈川県）、埼玉県子どもの権利擁護委員会（埼玉県）をさしている。以下では、日本で最初に市の条例により創設された公的第三者機関である、川西市子どもの人権オンブズパーソンをとりあげる。

　川西市子どもの人権オンブズパーソンは、1998（平成10）年、「いじめ・体罰・差別・不登校・虐待など、さまざまな事情で悩む個々の子どものSOSを受けとめ、具体的な人権侵害からの擁護・救済を図る」ことを目的として設置された。川西市子どもの人権オンブズパーソン（以下「オンブズ」）の活動については表13-2を参照されたい。

　オンブズの年次報告書である『子どもオンブズ・レポート2013』（川西市子どもの人権オンブズパーソン事務局2014）に紹介されている活動事例をみてみよう（一部引用）。

　　　中学生のAさんから、教室に置いていた自分の持ち物が誰かに壊されるということが繰り返され、こわいし、とてもつらい思いをしているとの相談があった。誰がやっているのかわからないというこ

表13－2　川西市子どもの人権オンブズパーソンの活動

相談活動	市内18歳未満の子ども（在住・在学・在勤）のことであれば誰でも相談可。初回の相談者がおとなである場合にも、できるだけ当該子どもに会って話を聞くようにしている。子どものニーズに応じて自宅や地域に訪問することもある。必要に応じて擁護・救済の申立てを受け、調査を実施すべく相談に応じる。
調整活動	相談活動の一環として、子どもの人間関係の修復・再構築のために関係調整や関係機関との連携をおこなう。オンブズパーソンが橋渡し役となり、おとなに子どもの心情が伝わるよう建設的な対話に務める中で、子どもにとってよりよい人間関係があらたにつくり直されていくことをめざす。
調査活動	条例はオンブズパーソンに市の機関に対する調査権、勧告および意見表明権を付与している。子どもの人権侵害からの救済をはかり、子どもの最善の利益を確保するために、市の機関による主体的なとりくみを促し支援するとともに、再発防止策等の具体的な提案をおこなう。
広報・啓発活動	子どもの人権擁護や人権侵害の防止に関して広報・啓発活動をおこなう。

注：『20周年記念誌＆子どもオンブズ・レポート2018』を参考に作成した。

とが不安で、Aさんは教室で授業を受けることができなくなっていたが、勉強や部活はしたいということで別室登校をしていた。

　オンブズが出会って話を聞くと、はじめAさんは、とにかく誰がやったのかを見つけてほしいという主張だったが、話していくうちに、本当は教室に戻ってみんなと授業を受けたい、でも誰が壊したかわからない状況では教室に入りづらいという思いを話してくれた。先生は「早く教室に戻っておいで」と言ってくれるけれど、今の状況では安心できないし、先生はその気持ちをわかってくれないという。（略）

　Aさんの気持ちが先生にちゃんと伝わっておらず、先生の思いがAさんに十分伝わっていないというすれ違いが起きていて、そのために両者の関係がぎくしゃくしていると考えたオンブズは、Aさんに、オンブズ立会いのもと、先生に気持ちを伝えてみないかと提案して、了解を得た。先生に自分の気持ちを伝えようという日、Aさんはとても緊張していたが、それでも不安に思っていること、疑問

に思っていることを先生に自分のことばで伝えることができた。先生もまたゆっくり話を聞いて、全力でAさんのことをサポートしたいと思っていると話してくれた。この話し合いがきっかけになって先生が見守ってくれていることを信じることができ、先生としゃべりやすくなった。そのことで、Aさんは少しずつ元気を取り戻し、やがて教室で授業が受けられるようになった。(p.35)

　上記は調整活動である。この事例では、Aさんと先生の橋渡しがオンブズによっておこなわれ、オンブズ立ち会いのもとでAさんが自分の思いを直接、先生に伝えた。みずからオンブズに相談し、問題解決に向けて主体的に動いたことが、Aさんのエンパワメントにつながったと考えられる。

　オンブズは子どもの最善の利益をめざし、子どもが主体的に問題解決に向けてとりくめるよう、子どもとその子どもの周りの人たちのつながりの改善に向けて個別救済をおこなう機関である。そして、個別救済をとおして制度の見直しなどの課題がみえてくれば、オンブズは、「関係する市の機関に対し、当該制度の見直し等を図るよう意見表明し、又は改善等申入れ書を提出」(川西市子どもの人権オンブズパーソン事務局 2002　p.6)できる機関でもある。

　つまりオンブズの相談活動は、学校教育相談のように、子どもを「生活によく適応」させるためにおこなわれているのではない。それは、子どもが置かれている状況の生きづらさの本質的な問題に目を向け、子どもが暮らしやすい社会を子どもと一緒につくるためにおこなわれているのである。

《注記》
(1) 教育相談等に関する調査研究協力者会議による、2007（平成19）年の「児童生徒の教育相談の充実について」と2009（平成21）年の「児童生徒の教育相談の

充実について」をさしている。
(2) 子どもの権利条約（1989年に国連で採択、日本の批准は1994年）第43条において、「この条約において約束された義務の実現を達成することにつき、締約国によってなされた進歩を審査」するために「子どもの権利委員会」を設置すると定められている。この委員会は、「徳望が高く、かつこの条約が対象とする分野において能力を認められた10人の専門家」で構成される。また第44条において、締約国はこの条約に批准後、最初は2年以内、それ以降は5年ごとに、国内の子どもの権利状況の報告書を同委員会に提出することを約束するとされている。この報告書の内容は同委員会によって審査され、審査後、条約の実施状況について委員会としての見解を示す「総括所見」が採択され公表される。第4回、第5回の政府報告（2017〈平成29〉年6月末提出）に対する総括所見は2019（平成30）年2月に採択され、同年3月に公表された。

《引用・参考文献》

川西市子どもの人権オンブズパーソン事務局（2002）『川西市子どもの人権オンブズパーソンハンドブック』．

川西市子どもの人権オンブズパーソン事務局（2014）『子どもオンブズ・レポート2013』

川西市子どもの人権オンブズパーソン事務局（2019）『20周年記念誌＆子どもオンブズレポート2018』

教育相談等に関する調査研究協力者会議（2017）「児童生徒の教育相談の充実について～学校の教育力を高める組織的な教育相談体制づくり～（報告）」 https://www.pref.shimane.lg.jp/izumo_kyoiku/index.data/jidouseitonokyouikusoudannjyuujitu.pdf（2019年3月30日）

広田照幸（2003）『教育には何ができないか──教育神話の解体と再生の試み』春秋社

おわりに

　教職課程コアカリキュラムに基づき認定された大学・短期大学などで教員養成に携わっている3人が、まずは「教職課程コアカリキュラムに書かれていることについて学ぼう」という趣旨で研究会を始めたのは2年前である。しかし教職課程コアカリキュラムの内容を知れば知るほど、筆者らが思い描く人間観や教育観などとコアカリキュラムのそれらが異なっていることを痛感させられた。いま、ようやくそのような違和感も含め、研究会で議論したことを読者とわかちあえる時がきた。

　人間について考えようとすれば、この世に生を受けたばかりの赤子を想像してみるのがよい。人間は、決して一人では生きられない存在としてこの世に誕生したことがわかる。赤子は周りにいるだれかとわかちあわなければ生きていけない存在であり、生きることそれ自体がわかちあうことである。そして赤子の周りにいるだれかが、かつては赤子であったことを思い出せば、わかちあいは、他者の生を可能にするだけでなく、みずからの生をも可能にするものであると言える。

　人間本来の姿は〈わかちあい〉にある。教職課程コアカリキュラムでは、「何ができるようになるか」によって個人が評価され序列化される。そのような教育は、人間本来の姿をゆがめるものと言える。いじめや不登校といった子どもが示すさまざまな生きづらさは、現在の教育が人間本来のあり様と大きく解離していることへの警鐘ではないか。本書の「さらに考えてみよう！」で投げかけた問をめぐり、子どもの声を大切にした多様な議論が展開されることを切に願う。それこそがこの警鐘に耳を傾ける1つの方法であると同時に、人間本来の〈わかちあい〉の姿であると確信するからである。

　なお、わたしたちは現在、子どもの声を大切にした1つの議論を展開するために出版の準備を進めている（『はじめて保育・教育を学ぶ人のた

めに〈わかちあい〉の共育学【応用編】』として、明石書店より2020年秋に刊行予定)。そこでは、保育・教育現場の具体例を、保育・教育の観点にとどまらず、領域横断的に検討し、「〈わかちあい〉の共育学」の未来図を描きたいと考えている。

　最後に、本書の出版にあたり明石書店のご理解、ならびに明石書店編集部の柴村登治さんと編集協力者の小山光さんの細やかなお力添えがあったことをここに記し、感謝の意を表明する次第である。

2019年5月　　執筆者一同

資料　諸法律（抜粋）

日本国憲法
1946（昭和21）年11月3日公布 ／ 1947（昭和22）年5月3日施行

　日本国民は、正当に選挙された国会における代表者を通じて行動し、われらとわれらの子孫のために、諸国民との協和による成果と、わが国全土にわたつて自由のもたらす恵沢を確保し、政府の行為によつて再び戦争の惨禍が起ることのないやうにすることを決意し、ここに主権が国民に存することを宣言し、この憲法を確定する。そもそも国政は、国民の厳粛な信託によるものであつて、その権威は国民に由来し、その権力は国民の代表者がこれを行使し、その福利は国民がこれを享受する。これは人類普遍の原理であり、この憲法は、かかる原理に基くものである。われらは、これに反する一切の憲法、法令及び詔勅を排除する。

　日本国民は、恒久の平和を念願し、人間相互の関係を支配する崇高な理想を深く自覚するのであつて、平和を愛する諸国民の公正と信義に信頼して、われらの安全と生存を保持しようと決意した。われらは、平和を維持し、専制と隷従、圧迫と偏狭を地上から永遠に除去しようと努めてゐる国際社会において、名誉ある地位を占めたいと思ふ。われらは、全世界の国民が、ひとしく恐怖と欠乏から免かれ、平和のうちに生存する権利を有することを確認する。

　われらは、いづれの国家も、自国のことのみに専念して他国を無視してはならないのであつて、政治道徳の法則は、普遍的なものであり、この法則に従ふことは、自国の主権を維持し、他国と対等関係に立たうとする各国の責務であると信ずる。日本国民は、国家の名誉にかけ、全力をあげてこの崇高な理想と目的を達成することを誓ふ。

第三章　国民の権利及び義務
第十一条［基本的人権の享有］　国民は、すべての基本的人権の享有を妨げられない。この憲法が国民に保障する基本的人権は、侵すことのできない永久の権利として、現在及び将来の国民に与へられる。

第十二条［自由・権利の保持の責任と濫用の禁止］　この憲法が国民に保障する自由及び権利は、国民の不断の努力によつて、これを保持しなければならない。又、国民は、これを濫用してはならないのであつて、常に公共の福祉のためにこれを利用する責任を負ふ。

第十三条［個人の尊重、幸福追求権、公共の福祉］　すべて国民は、個人として尊重される。生命、自由及び幸福追求に対する国民の権利については、公共の福

祉に反しない限り、立法その他の国政の上で、最大の尊重を必要とする。
第十四条［法の下の平等、貴族制度の否認、栄典］　すべて国民は、法の下に平等であつて、人種、信条、性別、社会的身分又は門地により、政治的、経済的又は社会的関係において、差別されない。
　２以下　省略
第十八条［奴隷的拘束・苦役からの自由］　何人も、いかなる奴隷的拘束も受けない。又、犯罪に因る処罰の場合を除いては、その意に反する苦役に服させられない。
第十九条［思想・良心の自由］　思想及び良心の自由は、これを侵してはならない。
第二十条［信教の自由、政教分離］　信教の自由は、何人に対してもこれを保障する。いかなる宗教団体も、国から特権を受け、又は政治上の権力を行使してはならない。
　２　何人も、宗教上の行為、祝典、儀式又は行事に参加することを強制されない。
　３　国及びその機関は、宗教教育その他いかなる宗教的活動もしてはならない。
第二十一条［集会・結社・表現の自由、検閲の禁止、通信の秘密］　集会、結社及び言論、出版その他一切の表現の自由は、これを保障する。
　２　検閲は、これをしてはならない。通信の秘密は、これを侵してはならない。
第二十三条［学問の自由］　学問の自由は、これを保障する。
第二十五条［生存権、国の社会保障義務］　すべて国民は、健康で文化的な最低限度の生活を営む権利を有する。
　２　国は、すべての生活部面について、社会福祉、社会保障及び公衆衛生の向上及び増進に努めなければならない。
第二十六条［教育を受ける権利、教育を受けさせる義務、義務教育の無償］　すべて国民は、法律の定めるところにより、その能力に応じて、ひとしく教育を受ける権利を有する。
　２　すべて国民は、法律の定めるところにより、その保護する子女に普通教育を受けさせる義務を負ふ。義務教育は、これを無償とする。
第二十七条［勤労の権利・義務、勤労条件の基準、児童の酷使の禁止］　すべて国民は、勤労の権利を有し、義務を負ふ。
　２　賃金、就業時間、休息その他の勤労条件に関する基準は、法律でこれを定める。
　３　児童は、これを酷使してはならない。
第二十八条［労働基本権］　勤労者の団結する権利及び団体交渉その他の団体行動をする権利は、これを保障する。
第三十一条［法定手続の保障］　何人も、法律の定める手続によらなければ、その

生命若しくは自由を奪はれ、又はその他の刑罰を科せられない。
第十章　最高法規
第九十七条［基本的人権の本質］　この憲法が日本国民に保障する基本的人権は、人類の多年にわたる自由獲得の努力の成果であつて、これらの権利は、過去幾多の試錬に堪へ、現在及び将来の国民に対し、侵すことのできない永久の権利として信託されたものである。
第九十八条［最高法規、条約・国際法規の遵守］　この憲法は、国の最高法規であつて、その条規に反する法律、命令、詔勅及び国務に関するその他の行為の全部又は一部は、その効力を有しない。
　2　日本国が締結した条約及び確立された国際法規は、これを誠実に遵守することを必要とする。
第九十九条［憲法尊重擁護義務］　天皇又は摂政及び国務大臣、国会議員、裁判官その他の公務員は、この憲法を尊重し擁護する義務を負ふ。

子どもの権利に関する条約
1994（平成6）年5月16日条約第2号　同年5月22日効力発生
第一部
第一条［子どもの定義］この条約の適用上、子どもとは、18歳未満のすべての者をいう。ただし、子どもに適用される法律の下でより早く成年に達する場合は、この限りでない。
第二条［差別の禁止］　1　締約国は、その管轄内にある子ども一人一人に対して、子どもまたは親もしくは法定保護者の人種、皮膚の色、性、言語、宗教、政治的意見その他の意見、国民的、民族的もしくは社会的出身、財産、障害、出生またはその他の地位にかかわらず、いかなる種類の差別もなしに、この条約に掲げる権利を尊重しかつ確保する。
　2　省略
第三条［子どもの最善の利益］　1　子どもにかかわるすべての活動において、その活動が公的もしくは私的な社会福祉機関、裁判所、行政機関または立法機関によってなされたかどうかにかかわらず、子どもの最善の利益が第一次的に考慮される。
　2　締約国は、親、法定保護者または子どもに法的な責任を負う他の者の権利および義務を考慮しつつ、子どもに対してその福祉に必要な保護およびケアを確保することを約束し、この目的のために、あらゆる適当な立法上および行政上の措置をとる。
　3　締約国は、子どものケアまたは保護に責任を負う機関、サービスおよび施設

が、とくに安全および健康の領域、職員の数および適格性、ならびに職員の適正な監督について、権限ある機関により設定された基準に従うことを確保する。
第一二条［意見表明権］1　締約国は、自己の見解をまとめる力のある子どもに対して、その子どもに影響を与えるすべての事柄について自由に自己の見解を表明する権利を保障する。その際、子どもの見解が、その年齢および成熟に従い、正当に重視される。
　2　この目的のため、子どもは、とくに、国内法の手続規則と一致する方法で、自己に影響を与えるいかなる司法的および行政的手続においても、直接にまたは代理人もしくは適当な団体を通じて聴聞される機会を与えられる。
第一三条［表現・情報の自由］1　子どもは表現の自由への権利を有する。この権利は、国境にかかわりなく、口頭、手書きもしくは印刷、芸術の形態または子どもが選択する他のあらゆる方法により、あらゆる種類の情報および考えを求め、受け、かつ伝える自由を含む。
　2　省略
第一四条［思想・良心・宗教の自由］1　締約国は、子どもの思想、良心および宗教の自由への権利を尊重する。
　2以下　省略
第一五条［結社・集会の自由］1　締約国は、子どもの結社の自由および平和的な集会の自由への権利を認める。
　2　省略
第一六条［プライバシィ・通信・名誉の保護］1　いかなる子どもも、プライバシィ、家族、住居または通信を恣意的にまたは不法に干渉されず、かつ、名誉および信用を不法に攻撃されない。
　2　省略
第一九条［親による虐待・放任・搾取からの保護］1　締約国は、(両)親、法定保護者または子どもの養育をする他の者による子どもの養育中に、あらゆる形態の身体的または精神的な暴力、侵害または虐待、放任または怠慢な取扱い、性的虐待を含む不当な取扱いまたは搾取から子どもを保護するためにあらゆる適当な立法上、行政上、社会上および教育上の措置をとる。
　2　省略
第二三条［障害児の権利］1　締約国は、精神的または身体的に障害を負う子どもが、尊厳を確保し、自立を促進し、かつ地域社会への積極的な参加を助長する条件の下で、十分かつ人間に値する生活を享受すべきであることを認める。
　2以下　省略

第二六条〔社会保障への権利〕1　締約国は、すべての子どもに対して社会保険を含む社会保障を享受する権利を認め、かつ、国内法に従いこの権利の完全な実現を達成するために必要な措置をとる。
2　当該給付については、適当な場合には、子どもおよびその扶養に責任を有している者の資力および状況を考慮し、かつ、子どもによってまた子どもに代わってなされた給付の申請に関する他のすべてを考慮しつつ行う。
第二七条〔生活水準への権利〕1　締約国は、身体的、心理的、精神的、道徳的および社会的発達のために十分な生活水準に対するすべての子どもの権利を認める。
2　（両）親または子どもに責任を負う他の者は、その能力および資力の範囲で、子どもの発達に必要な生活条件を確保する第一次的な責任を負う。
3　締約国は、国内条件に従いかつ財源内において、この権利の実施のために、親および子どもに責任を負う他の者を援助するための適当な措置をとり、ならびに、必要な場合にはとくに栄養、衣服および住居に関して物的援助を行い、かつ援助計画を立てる。
4　省略
第二八条〔教育への権利〕1　締約国は、子どもの教育への権利を認め、かつ、漸進的および平等な機会に基づいてこの権利を達成するために、とくに次のことをする。
　（a）　初等教育を義務的なものとし、かつすべての者に対して無償とすること。
　（b）　一般教育および職業教育を含む種々の形態の中等教育の発展を奨励し、すべての子どもが利用可能でありかつアクセスできるようにし、ならびに、無償教育の導入および必要な場合には財政的援助の提供などの適当な措置をとること。
　（c）　高等教育を、すべての適当な方法により、能力に基づいてすべての者がアクセスできるものとすること。
　（d）　教育上および職業上の情報ならびに指導を、すべての子どもが利用可能でありかつアクセスできるものとすること。
　（e）　学校への定期的な出席および中途退学率の減少を奨励するための措置をとること。
2　締約国は、学校懲戒が子どもの人間の尊厳と一致する方法で、かつこの条約に従って行われることを確保するためにあらゆる適当な措置をとる。
3　締約国は、とくに、世界中の無知および非識字の根絶に貢献するために、かつ科学的および技術的知識ならびに最新の教育方法へのアクセスを助長するた

めに、教育に関する問題について国際協力を促進しかつ奨励する。この点については、発展途上国のニーズに特別の考慮を払う。

第二九条［教育の目的］1　締約国は、子どもの教育が次の目的で行われることに同意する。
　　（a）　子どもの人格、才能ならびに精神的および身体的能力を最大限可能なまで発達させること。
　　（b）　人権および基本的自由の尊重ならびに国際連合憲章に定める諸原則の尊重を発展させること。
　　（c）　子どもの親、子ども自身の文化的アイデンティティ、言語および価値の尊重、子どもが居住している国および子どもの出身国の国民的価値の尊重、ならびに自己の文明と異なる文明の尊重を発展させること。
　　（d）　すべての諸人民間、民族的、国民的および宗教的集団ならびに先住民間の理解、平和、寛容、性の平等および友好の精神の下で、子どもが自由な社会において責任ある生活を送れるようにすること。
　　（e）　自然環境の尊重を発展させること。
　2　省略
第三一条［休息・余暇、遊び、文化的・芸術的生活への参加］1　締約国は、子どもが、休息しかつ余暇をもつ権利、その年齢にふさわしい遊びおよびレクリエーション的活動を行う権利、ならびに文化的生活および芸術に自由に参加する権利を認める。
　2　省略
第三四条［性的搾取・虐待からの保護］締約国は、あらゆる形態の性的搾取および性的虐待から子どもを保護することを約束する。これらの目的のため、締約国は、とくに次のことを防止するためのあらゆる適当な国内、二国間および多数国間の措置をとる。
　　（a）　何らかの不法な性的行為に従事するよう子どもを勧誘または強制すること。
　　（b）　売春または他の不法な性的行為に子どもを搾取的に使用すること。
　　（c）　ポルノ的な実演または題材に子どもを搾取的に使用すること。
第三六条［他のあらゆる形態の搾取からの保護］締約国は、子どもの福祉のいずれかの側面にとって有害となる他のあらゆる形態の搾取から子どもを保護する。
第二部
第四二条［条約広報義務］締約国は、この条約の原則および規定を、適当かつ積極的な手段により、大人のみならず子どもに対しても同様に、広く知らせることを約束する。

第四三条［子どもの権利委員会の設置］1　この条約において約束された義務の実現を達成することにつき、締約国によってなされた進歩を審査するために、子どもの権利に関する委員会を設置する。委員会は、以下に定める任務を遂行する。
　2以下　省略
第四四条［締約国の報告義務］1　締約国は、次の場合に、この条約において認められる権利の実施のためにとった措置およびこれらの権利の享受についてもたらされた進歩に関する報告を、国際連合事務総長を通じて、委員会に提出することを約束する。
　（a）　当該締約国ついてこの条約が効力を生ずる時から2年以内
　（b）　その後は5年ごと
　2以下　省略

児童福祉法

1947（昭和22）年12月12日法律第164号／1948（昭和23）年1月1日施行／最終改正2018（平成30）年6月27日法律第66号（2019〈令和元〉年5月1日現在）

第一章　総則

第一条［児童福祉の理念］全て児童は、児童の権利に関する条約の精神にのつとり、適切に養育されること、その生活を保障されること、愛され、保護されること、その心身の健やかな成長及び発達並びにその自立が図られることその他の福祉を等しく保障される権利を有する。
第二条［児童育成の責任］全て国民は、児童が良好な環境において生まれ、かつ、社会のあらゆる分野において、児童の年齢及び発達の程度に応じて、その意見が尊重され、その最善の利益が優先して考慮され、心身ともに健やかに育成されるよう努めなければならない。
　②　児童の保護者は、児童を心身ともに健やかに育成することについて第一義的責任を負う。
　③　国及び地方公共団体は、児童の保護者とともに、児童を心身ともに健やかに育成する責任を負う。
第三条［児童福祉原理の尊重］　前二条に規定するところは、児童の福祉を保障するための原理であり、この原理は、すべて児童に関する法令の施行にあたつて、常に尊重されなければならない。

教育基本法

旧　1947（昭和22）年3月31日法律第25号
新　2006（平成18）年12月22日法律第120号

旧	新
われらは、さきに、日本国憲法を確定し、民主的で文化的な国家を建設して、世界の平和と人類の福祉に貢献しようとする決意を示した。この理想の実現は、根本において教育の力にまつべきものである。 　われらは、個人の尊厳を重んじ、真理と平和を希求する人間の育成を期するとともに、普遍的にしてしかも個性ゆたかな文化の創造をめざす教育を普及徹底しなければならない。 　ここに、日本国憲法の精神に則り、教育の目的を明示して、新しい日本の教育の基本を確立するため、この法律を制定する。	我々日本国民は、たゆまぬ努力によって築いてきた民主的で文化的な国家を更に発展させるとともに、世界の平和と人類の福祉の向上に貢献することを願うものである。 　我々は、この理想を実現するため、個人の尊厳を重んじ、真理と正義を希求し、公共の精神を尊び、豊かな人間性と創造性を備えた人間の育成を期するとともに、伝統を継承し、新しい文化の創造を目指す教育を推進する。 　ここに、我々は、日本国憲法の精神にのっとり、我が国の未来を切り拓く教育の基本を確立し、その振興を図るため、この法律を制定する。 **第一章　教育の目的及び理念** （教育の目的）
第一条（教育の目的）　教育は、人格の完成をめざし、平和的な国家及び社会の形成者として、真理と正義を愛し、個人の価値をたつとび、勤労と責任を重んじ、自主的精神に充ちた心身ともに健康な国民の育成を期して行われなければならない。 第二条（教育の方針）　教育の目的は、あらゆる機会に、あらゆる場所において実現されなければならない。この目的を達成するためには、学問の自由を尊重し、実際生活に即し、自発的精神を養い、自他の敬愛と協力	第一条　教育は、人格の完成を目指し、平和で民主的な国家及び社会の形成者として必要な資質を備えた心身ともに健康な国民の育成を期して行われなければならない。 （教育の目標） 第二条　教育は、その目的を実現するため、学問の自由を尊重しつつ、次に掲げる目標を達成するよう行われるものとする。 一　幅広い知識と教養を身に付け、真理を求める態度を養い、豊かな情操

によつて、文化の創造と発展に貢献するように努めなければならない。

と道徳心を培うとともに、健やかな身体を養うこと。
二　個人の価値を尊重して、その能力を伸ばし、創造性を培い、自主及び自律の精神を養うとともに、職業及び生活との関連を重視し、勤労を重んずる態度を養うこと。
三　正義と責任、男女の平等、自他の敬愛と協力を重んずるとともに、公共の精神に基づき、主体的に社会の形成に参画し、その発展に寄与する態度を養うこと。
四　生命を尊び、自然を大切にし、環境の保全に寄与する態度を養うこと。
五　伝統と文化を尊重し、それらをはぐくんできた我が国と郷土を愛するとともに、他国を尊重し、国際社会の平和と発展に寄与する態度を養うこと。

（生涯学習の理念）
第三条　国民一人一人が、自己の人格を磨き、豊かな人生を送ることができるよう、その生涯にわたって、あらゆる機会に、あらゆる場所において学習することができ、その成果を適切に生かすことのできる社会の実現が図られなければならない。

第三条（教育の機会均等）　すべて国民は、ひとしく、その能力に応ずる教育を受ける機会を与えられなければならないものであつて、人種、信条、性別、社会的身分、経済的地位又は門地によつて、教育上差別されない。

（教育の機会均等）
第四条　すべて国民は、ひとしく、その能力に応じた教育を受ける機会を与えられなければならず、人種、信条、性別、社会的身分、経済的地位又は門地によって、教育上差別されない。

② 国及び地方公共団体は、能力があるにもかかわらず、経済的理由によって修学困難な者に対して、奨学の方法を講じなければならない。	2 国及び地方公共団体は、障害のある者が、その障害の状態に応じ、十分な教育を受けられるよう、教育上必要な支援を講じなければならない。 3 国及び地方公共団体は、能力があるにもかかわらず、経済的理由によって修学が困難な者に対して、奨学の措置を講じなければならない。
	第二章　教育の実施に関する基本 （義務教育）
第四条（義務教育）　国民は、その保護する子女に、九年の普通教育を受けさせる義務を負う。 ② 国又は地方公共団体の設置する学校における義務教育については、授業料は、これを徴収しない。	第五条　国民は、その保護する子に、別に法律で定めるところにより、普通教育を受けさせる義務を負う。 2 義務教育として行われる普通教育は、各個人の有する能力を伸ばしつつ社会において自立的に生きる基礎を培い、また、国家及び社会の形成者として必要とされる基本的な資質を養うことを目的として行われるものとする。 3 国及び地方公共団体は、義務教育の機会を保障し、その水準を確保するため、適切な役割分担及び相互の協力の下、その実施に責任を負う。 4 国又は地方公共団体の設置する学校における義務教育については、授業料を徴収しない。
第五条（男女共学）　男女は、互に敬重し、協力し合わなければならないものであつて、教育上男女の共学は、認められなければならない。	
第六条（学校教育）　法律に定める学校は、公の性質をもつものであつて、	（学校教育） 第六条　法律に定める学校は、公の性質

国又は地方公共団体の外、法律に定める法人のみが、これを設置することができる。
② 法律に定める学校の教員は、全体の奉仕者であつて、自己の使命を自覚し、その職責の遂行に努めなければならない。このためには、教員の身分は、尊重され、その待遇の適正が、期せられなければならない。

を有するものであって、国、地方公共団体及び法律に定める法人のみが、これを設置することができる。
2 前項の学校においては、教育の目標が達成されるよう、教育を受ける者の心身の発達に応じて、体系的な教育が組織的に行われなければならない。この場合において、教育を受ける者が、学校生活を営む上で必要な規律を重んずるとともに、自ら進んで学習に取り組む意欲を高めることを重視して行われなければならない。

(大学)
第七条　大学は、学術の中心として、高い教養と専門的能力を培うとともに、深く真理を探究して新たな知見を創造し、これらの成果を広く社会に提供することにより、社会の発展に寄与するものとする。
  2 大学については、自主性、自律性その他の大学における教育及び研究の特性が尊重されなければならない。

(私立学校)
第八条　私立学校の有する公の性質及び学校教育において果たす重要な役割にかんがみ、国及び地方公共団体は、その自主性を尊重しつつ、助成その他の適当な方法によって私立学校教育の振興に努めなければならない。

(教員)
第九条　法律に定める学校の教員は、自己の崇高な使命を深く自覚し、絶えず研究と修養に励み、その職責の遂

第七条（社会教育）　家庭教育及び勤労の場所その他社会において行われる教育は、国及び地方公共団体によつて奨励されなければならない。
　②　国及び地方公共団体は、図書館、博物館、公民館等の施設の設置、学校の施設の利用その他適当な方法によつて教育の目的の実現に努めなけ

行に努めなければならない。
　2　前項の教員については、その使命と職責の重要性にかんがみ、その身分は尊重され、待遇の適正が期せられるとともに、養成と研修の充実が図られなければならない。

（家庭教育）
第十条　父母その他の保護者は、子の教育について第一義的責任を有するものであって、生活のために必要な習慣を身に付けさせるとともに、自立心を育成し、心身の調和のとれた発達を図るよう努めるものとする。
　2　国及び地方公共団体は、家庭教育の自主性を尊重しつつ、保護者に対する学習の機会及び情報の提供その他の家庭教育を支援するために必要な施策を講ずるよう努めなければならない。

（幼児期の教育）
第十一条　幼児期の教育は、生涯にわたる人格形成の基礎を培う重要なものであることにかんがみ、国及び地方公共団体は、幼児の健やかな成長に資する良好な環境の整備その他適当な方法によって、その振興に努めなければならない。

（社会教育）
第十二条　個人の要望や社会の要請にこたえ、社会において行われる教育は、国及び地方公共団体によって奨励されなければならない。
　2　国及び地方公共団体は、図書館、博物館、公民館その他の社会教育施設の設置、学校の施設の利用、学習

ればならない。

第八条（政治教育）　良識ある公民たるに必要な政治的教養は、教育上これを尊重しなければならない。
　②　法律に定める学校は、特定の政党を支持し、又はこれに反対するための政治教育その他政治的活動をしてはならない。

第九条（宗教教育）　宗教に関する寛容の態度及び宗教の社会生活における地位は、教育上これを尊重しなければならない。
　②　国及び地方公共団体が設置する学校は、特定の宗教のための宗教教育その他宗教的活動をしてはならない。

第十条（教育行政）　教育は、不当な支配に服することなく、国民全体に対し直接に責任を負つて行われるべきものである。
　②　教育行政は、この自覚のもとに、教育の目的を遂行するに必要な諸条件の整備確立を目標として行われな

の機会及び情報の提供その他の適当な方法によって社会教育の振興に努めなければならない。
（学校、家庭及び地域住民等の相互の連携協力）
第十三条　学校、家庭及び地域住民その他の関係者は、教育におけるそれぞれの役割と責任を自覚するとともに、相互の連携及び協力に努めるものとする。
（政治教育）
第十四条　良識ある公民として必要な政治的教養は、教育上尊重されなければならない。
　2　法律に定める学校は、特定の政党を支持し、又はこれに反対するための政治教育その他政治的活動をしてはならない。
（宗教教育）
第十五条　宗教に関する寛容の態度、宗教に関する一般的な教養及び宗教の社会生活における地位は、教育上尊重されなければならない。
　2　国及び地方公共団体が設置する学校は、特定の宗教のための宗教教育その他宗教的活動をしてはならない。

第三章　教育行政
（教育行政）
第十六条　教育は、不当な支配に服することなく、この法律及び他の法律の定めるところにより行われるべきものであり、教育行政は、国と地方公共団体との適切な役割分担及び相互の協力の下、公正かつ適正に行われ

けれらばならない。

　2　国は、全国的な教育の機会均等と教育水準の維持向上を図るため、教育に関する施策を総合的に策定し、実施しなければならない。

　3　地方公共団体は、その地域における教育の振興を図るため、その実情に応じた教育に関する施策を策定し、実施しなければならない。

　4　国及び地方公共団体は、教育が円滑かつ継続的に実施されるよう、必要な財政上の措置を講じなければならない。

（教育振興基本計画）

第十七条　政府は、教育の振興に関する施策の総合的かつ計画的な推進を図るため、教育の振興に関する施策についての基本的な方針及び講ずべき施策その他必要な事項について、基本的な計画を定め、これを国会に報告するとともに、公表しなければならない。

　2　地方公共団体は、前項の計画を参酌し、その地域の実情に応じ、当該地方公共団体における教育の振興のための施策に関する基本的な計画を定めるよう努めなければならない。

第四章　法令の制定

第十八条　この法律に規定する諸条項を実施するため、必要な法令が制定されなければならない。

附則　省略

第十一条（補則）　この法律に掲げる諸条項を実施するために必要がある場合には、適当な法令が制定されなければならない。

附則　省略

資料　諸法律（抜粋）

学校教育法

1947（昭和22）年3月31日法律第26号／最終改正2018（平成30）年6月1日法律第39号（2019〈令和元〉5月1日現在）

第一章　総則

第一条［学校の定義］この法律で、学校とは、幼稚園、小学校、中学校、義務教育学校、高等学校、中等教育学校、特別支援学校、大学及び高等専門学校とする。

第二条［学校の設置者］学校は、国（国立大学法人法（平成十五年法律第百十二号）第二条第一項に規定する国立大学法人及び独立行政法人国立高等専門学校機構を含む。以下同じ。）、地方公共団体（地方独立行政法人法(平成十五年法律第百十八号)第六十八条第一項に規定する公立大学法人（以下「公立大学法人」という。）を含む。次項及び第百二十七条において同じ。）及び私立学校法（昭和二十四年法律第二百七十号）第三条に規定する学校法人（以下「学校法人」という。）のみが、これを設置することができる。

② この法律で、国立学校とは、国の設置する学校を、公立学校とは、地方公共団体の設置する学校を、私立学校とは、学校法人の設置する学校をいう。

第三条［学校設置基準］学校を設置しようとする者は、学校の種類に応じ、文部科学大臣の定める設備、編制その他に関する設置基準に従い、これを設置しなければならない。

第五条［設置者による管理・負担］学校の設置者は、その設置する学校を管理し、法令に特別の定のある場合を除いては、その学校の経費を負担する。

第六条［授業の徴収］学校においては、授業料を徴収することができる。ただし、国立又は公立の小学校及び中学校、義務教育学校、中等教育学校の前期課程又は特別支援学校の小学部及び中学部における義務教育については、これを徴収することができない。

第九条［校長・教員の欠格事由］次の各号のいずれかに該当する者は、校長又は教員となることができない。

一　成年被後見人又は被保佐人
二　禁錮以上の刑に処せられた者
三　教育職員免許法第十条第一項第二号又は第三号に該当することにより免許状がその効力を失い、当該失効の日から三年を経過しない者
四　教育職員免許法第十一条第一項から第三項までの規定により免許状取上げの処分を受け、三年を経過しない者
五　日本国憲法施行の日以後において、日本国憲法又はその下に成立した政府を暴力で破壊することを主張する政党その他の団体を結成し、又はこれに加入し

た者
第十一条［児童・生徒・学生の懲戒］校長及び教員は、教育上必要があると認めるときは、文部科学大臣の定めるところにより、児童、生徒及び学生に懲戒を加えることができる。ただし、体罰を加えることはできない。
第十二条［健康診断等］学校においては、別に法律で定めるところにより、幼児、児童、生徒及び学生並びに職員の健康の保持増進を図るため、健康診断を行い、その他その保健に必要な措置を講じなければならない。

第二章　義務教育

第十六条［義務教育］保護者（子に対して親権を行う者（親権を行う者のないときは、未成年後見人）をいう。以下同じ。）は、次条に定めるところにより、子に九年の普通教育を受けさせる義務を負う。
第十七条［就学義務］保護者は、子の満六歳に達した日の翌日以後における最初の学年の初めから、満十二歳に達した日の属する学年の終わりまで、これを小学校、義務教育学校の前期課程又は特別支援学校の小学部に就学させる義務を負う。ただし、子が、満十二歳に達した日の属する学年の終わりまでに小学校の課程、義務教育学校の前期課程又は特別支援学校の小学部の課程を修了しないときは、満十五歳に達した日の属する学年の終わり（それまでの間においてこれらの課程を修了したときは、その修了した日の属する学年の終わり）までとする。
　②　保護者は、子が小学校の課程、義務教育学校の前期課程又は特別支援学校の小学部の課程を修了した日の翌日以後における最初の学年の初めから、満十五歳に達した日の属する学年の終わりまで、これを中学校、義務教育学校の後期課程、中等教育学校の前期課程又は特別支援学校の中学部に就学させる義務を負う。
　③　前二項の義務の履行の督促その他これらの義務の履行に関し必要な事項は、政令で定める。
第十八条［病弱等による就学義務の猶予・免除］前条第一項又は第二項の規定によつて、保護者が就学させなければならない子（以下それぞれ「学齢児童」又は「学齢生徒」という。）で、病弱、発育不完全その他やむを得ない事由のため、就学困難と認められる者の保護者に対しては、市町村の教育委員会は、文部科学大臣の定めるところにより、同条第一項又は第二項の義務を猶予又は免除することができる。
第十九条［就学の援助］経済的理由によつて、就学困難と認められる学齢児童又は学齢生徒の保護者に対しては、市町村は、必要な援助を与えなければならない。

第二十一条［教育の目標］義務教育として行われる普通教育は、教育基本法（平成十八年法律第百二十号）第五条第二項に規定する目的を実現するため、次に掲げる目標を達成するよう行われるものとする。
　一　学校内外における社会的活動を促進し、自主、自律及び協同の精神、規範意識、公正な判断力並びに公共の精神に基づき主体的に社会の形成に参画し、その発展に寄与する態度を養うこと。
　二　学校内外における自然体験活動を促進し、生命及び自然を尊重する精神並びに環境の保全に寄与する態度を養うこと。
　三　我が国と郷土の現状と歴史について、正しい理解に導き、伝統と文化を尊重し、それらをはぐくんできた我が国と郷土を愛する態度を養うとともに、進んで外国の文化の理解を通じて、他国を尊重し、国際社会の平和と発展に寄与する態度を養うこと。
　四　家族と家庭の役割、生活に必要な衣、食、住、情報、産業その他の事項について基礎的な理解と技能を養うこと。
　五　読書に親しませ、生活に必要な国語を正しく理解し、使用する基礎的な能力を養うこと。
　六　生活に必要な数量的な関係を正しく理解し、処理する基礎的な能力を養うこと。
　七　生活にかかわる自然現象について、観察及び実験を通じて、科学的に理解し、処理する基礎的な能力を養うこと。
　八　健康、安全で幸福な生活のために必要な習慣を養うとともに、運動を通じて体力を養い、心身の調和的発達を図ること。
　九　生活を明るく豊かにする音楽、美術、文芸その他の芸術について基礎的な理解と技能を養うこと。
　十　職業についての基礎的な知識と技能、勤労を重んずる態度及び個性に応じて将来の進路を選択する能力を養うこと。

第三章　幼稚園
第二十二条［目的］幼稚園は、義務教育及びその後の教育の基礎を培うものとして、幼児を保育し、幼児の健やかな成長のために適当な環境を与えて、その心身の発達を助長することを目的とする。
第二十三条［幼稚園教育の目標］幼稚園における教育は、前条に規定する目的を実現するため、次に掲げる目標を達成するよう行われるものとする。
　一　健康、安全で幸福な生活のために必要な基本的な習慣を養い、身体諸機能の調和的発達を図ること。
　二　集団生活を通じて、喜んでこれに参加する態度を養うとともに家族や身近な

人への信頼感を深め、自主、自律及び協同の精神並びに規範意識の芽生えを養うこと。
　三　身近な社会生活、生命及び自然に対する興味を養い、それらに対する正しい理解と態度及び思考力の芽生えを養うこと。
　四　日常の会話や、絵本、童話等に親しむことを通じて、言葉の使い方を正しく導くとともに、相手の話を理解しようとする態度を養うこと。
　五　音楽、身体による表現、造形等に親しむことを通じて、豊かな感性と表現力の芽生えを養うこと。
第二十四条［幼児期教育の支援］幼稚園においては、第二十二条に規定する目的を実現するための教育を行うほか、幼児期の教育に関する各般の問題につき、保護者及び地域住民その他の関係者からの相談に応じ、必要な情報の提供及び助言を行うなど、家庭及び地域における幼児期の教育の支援に努めるものとする。
第二十五条［保育内容］幼稚園の教育課程その他の保育内容に関する事項は、第二十二条及び第二十三条の規定に従い、文部科学大臣が定める。
第二十六条［入園資格］幼稚園に入園することのできる者は、満三歳から、小学校就学の始期に達するまでの幼児とする。
第二十七条［職員］幼稚園には、園長、教頭及び教諭を置かなければならない。
　②　幼稚園には、前項に規定するもののほか、副園長、主幹教諭、指導教諭、養護教諭、栄養教諭、事務職員、養護助教諭その他必要な職員を置くことができる。
　③以下　省略

第四章　小学校

第二十九条［教育の目的］小学校は、心身の発達に応じて、義務教育として行われる普通教育のうち基礎的なものを施すことを目的とする。
第三十条［教育の目標］小学校における教育は、前条に規定する目的を実現するために必要な程度において第二十一条各号に掲げる目標を達成するよう行われるものとする。
　②　前項の場合においては、生涯にわたり学習する基盤が培われるよう、基礎的な知識及び技能を習得させるとともに、これらを活用して課題を解決するために必要な思考力、判断力、表現力その他の能力をはぐくみ、主体的に学習に取り組む態度を養うことに、特に意を用いなければならない。
第三十一条［体験活動］小学校においては、前条第一項の規定による目標の達成に資するよう、教育指導を行うに当たり、児童の体験的な学習活動、特にボランティア活動など社会奉仕体験活動、自然体験活動その他の体験活動の充実に努

めるものとする。この場合において、社会教育関係団体その他の関係団体及び関係機関との連携に十分配慮しなければならない。

第三十二条［修業年限］小学校の修業年限は、六年とする。

第三十三条［教育課程］小学校の教育課程に関する事項は、第二十九条及び第三十条の規定に従い、文部科学大臣が定める。

第三十四条［教科用図書・教材の使用］小学校においては、文部科学大臣の検定を経た教科用図書又は文部科学省が著作の名義を有する教科用図書を使用しなければならない。

　②以下　省略

第三十五条［児童の出席停止］市町村の教育委員会は、次に掲げる行為の一又は二以上を繰り返し行う等性行不良であつて他の児童の教育に妨げがあると認める児童があるときは、その保護者に対して、児童の出席停止を命ずることができる。

　一　他の児童に傷害、心身の苦痛又は財産上の損失を与える行為
　二　職員に傷害又は心身の苦痛を与える行為
　三　施設又は設備を損壊する行為
　四　授業その他の教育活動の実施を妨げる行為

②　市町村の教育委員会は、前項の規定により出席停止を命ずる場合には、あらかじめ保護者の意見を聴取するとともに、理由及び期間を記載した文書を交付しなければならない。

③　前項に規定するもののほか、出席停止の命令の手続に関し必要な事項は、教育委員会規則で定めるものとする。

④　市町村の教育委員会は、出席停止の命令に係る児童の出席停止の期間における学習に対する支援その他の教育上必要な措置を講ずるものとする。

第三十七条［職員］小学校には、校長、教頭、教諭、養護教諭及び事務職員を置かなければならない。

②　小学校には、前項に規定するもののほか、副校長、主幹教諭、指導教諭、栄養教諭その他必要な職員を置くことができる。

　③以下　省略

第三十八条［小学校等の設置義務］市町村は、その区域内にある学齢児童を就学させるに必要な小学校を設置しなければならない。ただし、教育上有益かつ適切であると認めるときは、義務教育学校の設置をもつてこれに代えることができる。

第四十二条［学校評価］小学校は、文部科学大臣の定めるところにより当該小学校の教育活動その他の学校運営の状況について評価を行い、その結果に基づき学

校運営の改善を図るため必要な措置を講ずることにより、その教育水準の向上に努めなければならない。

第四十三条［情報の提供］小学校は、当該小学校に関する保護者及び地域住民その他の関係者の理解を深めるとともに、これらの者との連携及び協力の推進に資するため、当該小学校の教育活動その他の学校運営の状況に関する情報を積極的に提供するものとする。

第四十四条［私立小学校の所管庁］　私立の小学校は、都道府県知事の所管に属する。

第五章　中学校

第四十五条［教育の目的］中学校は、小学校における教育の基礎の上に、心身の発達に応じて、義務教育として行われる普通教育を施すことを目的とする。

第四十六条［教育の目標］中学校における教育は、前条に規定する目的を実現するため、第二十一条各号に掲げる目標を達成するよう行われるものとする。

第四十七条［修業年限］中学校の修業年限は、三年とする。

第四十八条［教育課程］以下　省略

第五章の二　義務教育学校

第四十九条の二［教育の目的］義務教育学校は、心身の発達に応じて、義務教育として行われる普通教育を基礎的なものから一貫して施すことを目的とする。

第四十九条の三［教育の目標］義務教育学校における教育は、前条に規定する目的を実現するため、第二十一条各号に掲げる目標を達成するよう行われるものとする。

第四十九条の四［修業年限］義務教育学校の修業年限は、九年とする。

第四十九条の五［課程の区分］義務教育学校の課程は、これを前期六年の前期課程及び後期三年の後期課程に区分する。

第四十九条の六［各課程の教育の目標］義務教育学校の前期課程における教育は、第四十九条の二に規定する目的のうち、心身の発達に応じて、義務教育として行われる普通教育のうち基礎的なものを施すことを実現するために必要な程度において第二十一条各号に掲げる目標を達成するよう行われるものとする。

②　義務教育学校の後期課程における教育は、第四十九条の二に規定する目的のうち、前期課程における教育の基礎の上に、心身の発達に応じて、義務教育として行われる普通教育を施すことを実現するため、第二十一条各号に掲げる目標を達成するよう行われるものとする。

第四十九条の七［教育課程］以下　省略

第六章　高等学校　省略

第七章　中等教育学校

第六十三条［教育の目的］中等教育学校は、小学校における教育の基礎の上に、心身の発達及び進路に応じて、義務教育として行われる普通教育並びに高度な普通教育及び専門教育を一貫して施すことを目的とする。

第六十四条［教育の目標］中等教育学校における教育は、前条に規定する目的を実現するため、次に掲げる目標を達成するよう行われるものとする。

一　豊かな人間性、創造性及び健やかな身体を養い、国家及び社会の形成者として必要な資質を養うこと。

二　社会において果たさなければならない使命の自覚に基づき、個性に応じて将来の進路を決定させ、一般的な教養を高め、専門的な知識、技術及び技能を習得させること。

三　個性の確立に努めるとともに、社会について、広く深い理解と健全な批判力を養い、社会の発展に寄与する態度を養うこと。

第六十五条［修業年限］中等教育学校の修業年限は、六年とする。

第六十六条［課程の区分］中等教育学校の課程は、これを前期三年の前期課程及び後期三年の後期課程に区分する。

第六十七条［各課程の教育の目標］中等教育学校の前期課程における教育は、第六十三条に規定する目的のうち、小学校における教育の基礎の上に、心身の発達に応じて、義務教育として行われる普通教育を施すことを実現するため、第二十一条各号に掲げる目標を達成するよう行われるものとする。

②　中等教育学校の後期課程における教育は、第六十三条に規定する目的のうち、心身の発達及び進路に応じて、高度な普通教育及び専門教育を施すことを実現するため、第六十四条各号に掲げる目標を達成するよう行われるものとする。

第六十八条［学科・教育課程］　省略

第六十九条［職員］中等教育学校には、校長、教頭、教諭、養護教諭及び事務職員を置かなければならない。

②　中等教育学校には、前項に規定するもののほか、副校長、主幹教諭、指導教諭、栄養教諭、実習助手、技術職員その他必要な職員を置くことができる。

③以下　省略

第七十一条［中高一貫教育］同一の設置者が設置する中学校及び高等学校においては、文部科学大臣の定めるところにより、中等教育学校に準じて、中学校における教育と高等学校における教育を一貫して施すことができる。

第八章　特別支援教育

第七十二条［特別支援教育の目的］特別支援学校は、視覚障害者、聴覚障害者、知的障害者、肢体不自由者又は病弱者（身体虚弱者を含む。以下同じ。）に対し

て、幼稚園、小学校、中学校又は高等学校に準ずる教育を施すとともに、障害による学習上又は生活上の困難を克服し自立を図るために必要な知識技能を授けることを目的とする。

第七十三条［教育内容の明示］　省略

第七十四条［特別支援学級等への助言・援助］　特別支援学校においては、第七十二条に規定する目的を実現するための教育を行うほか、幼稚園、小学校、中学校、義務教育学校、高等学校又は中等教育学校の要請に応じて、第八十一条第一項に規定する幼児、児童又は生徒の教育に関し必要な助言又は援助を行うよう努めるものとする。

第七十五条［障害の程度］　第七十二条に規定する視覚障害者、聴覚障害者、知的障害者、肢体不自由者又は病弱者の障害の程度は、政令で定める。

第七十六条［小学部・中学部・幼稚部・高等部］　特別支援学校には、小学部及び中学部を置かなければならない。ただし、特別の必要のある場合においては、そのいずれかのみを置くことができる。

　②　特別支援学校には、小学部及び中学部のほか、幼稚部又は高等部を置くことができ、また、特別の必要のある場合においては、前項の規定にかかわらず、小学部及び中学部を置かないで幼稚部又は高等部のみを置くことができる。

第七十七条［教育課程・保育内容・学科］　特別支援学校の幼稚部の教育課程その他の保育内容、小学部及び中学部の教育課程又は高等部の学科及び教育課程に関する事項は、幼稚園、小学校、中学校又は高等学校に準じて、文部科学大臣が定める。

第七十八条［寄宿舎の設置］　特別支援学校には、寄宿舎を設けなければならない。ただし、特別の事情のあるときは、これを設けないことができる。

第七十九条［寄宿舎指導員］　省略

第八十条［特別支援学校の設置義務］　都道府県は、その区域内にある学齢児童及び学齢生徒のうち、視覚障害者、聴覚障害者、知的障害者、肢体不自由者又は病弱者で、その障害が第七十五条の政令で定める程度のものを就学させるに必要な特別支援学校を設置しなければならない。

第八十一条［特別支援学級等］　幼稚園、小学校、中学校、義務教育学校、高等学校及び中等教育学校においては、次項各号のいずれかに該当する幼児、児童及び生徒その他教育上特別の支援を必要とする幼児、児童及び生徒に対し、文部科学大臣の定めるところにより、障害による学習上又は生活上の困難を克服するための教育を行うものとする。

　②　小学校、中学校、義務教育学校、高等学校及び中等教育学校には、次の各号のいずれかに該当する児童及び生徒のために、特別支援学級を置くことができる。

一　知的障害者
　　二　肢体不自由者
　　三　身体虚弱者
　　四　弱視者
　　五　難聴者
　　六　その他障害のある者で、特別支援学級において教育を行うことが適当なもの
　③　前項に規定する学校においては、疾病により療養中の児童及び生徒に対して、特別支援学級を設け、又は教員を派遣して、教育を行うことができる。
第十三章　罰則
第百四十四条［保護者等の就学義務不履行］第十七条第一項又は第二項の義務の履行の督促を受け、なお履行しない者は、十万円以下の罰金に処する。
　②　省略
附則　省略

【著者プロフィール】

齋藤　尚志（さいとう　ひさし）
関西大学大学院文学研究科単位取得退学後、夜間中学・定時制高校・大学などの非常勤講師、夙川学院短期大学、小田原短期大学、京都文教短期大学の勤務を経て、現在、滋賀短期大学幼児教育保育学科教員。主な著書に、『はじめて保育・教育を学ぶ人のために〈わかちあい〉の共育学【応用編】——子どもと共に未来図を描こう』（共著、明石書店、2021年）、『揺らぐ主体／問われる社会』（共著、インパクト出版会、2013年）、「『何ができるようになるか』と保育」（単著、京都文教短期大学『研究紀要』第61集、2023年）、「学校統廃合における『子どもの意見の尊重』」①・②（単著、夙川学院短期大学『研究紀要』第42号・第45号、2014・2018年）ほか。

笹倉　千佳弘（ささくら　ちかひろ）
同志社大学文学部卒業後、公立高等学校に10年間勤務した後、関西大学大学院文学研究科に入学。同大学院修了後、夙川学院短期大学、就実短期大学、滋賀短期大学の勤務を経て、現在、大阪夕陽丘短期大学教員。主な著書に、『子どもを育てない親、親が育てない子ども——妊婦健診を受けなかった母親と子どもへの支援』（共編著、生活書院、2015年）、『虐待ゼロのまちの地域養護活動——施設で暮らす子どもの「子育ての社会化」と旧沢内村』（共編著、生活書院、2017年）、『はじめて保育・教育を学ぶ人のために〈わかちあい〉の共育学【応用編】——子どもと共に未来図を描こう』（共著、明石書店、2021年）、『自分で自分を不幸にしない——「性的虐待」を受けた女性の語りから』（共編著、生活書院、2023年）ほか。

井上　寿美（いのうえ　ひさみ）
関西大学大学院文学研究科修了。保健所の心理相談員などを経験した後、関西福祉大学の勤務を経て、現在、大阪大谷大学教育学部教員。2012年度から4年間、兵庫県川西市子どもの人権オンブズパーソンを務める。主な著書に、『子どもを育てない親、親が育てない子ども——妊婦健診を受けなかった母親と子どもへの支援』（共編著、生活書院、2015年）、『虐待ゼロのまちの地域養護活動——施設で暮らす子どもの「子育ての社会化」と旧沢内村』（共編著、生活書院、2017年）、『はじめて保育・教育を学ぶ人のために〈わかちあい〉の共育学【応用編】——子どもと共に未来図を描こう』（共著、明石書店、2021年）、『自分で自分を不幸にしない——「性的虐待」を受けた女性の語りから』（共編著、生活書院、2023年）ほか。

はじめて保育・教育を学ぶ人のために
〈わかちあい〉の共育学【基礎編】
――教職課程コアカリキュラムに基づく教員養成テキスト

2019年9月30日　初版第1刷発行
2024年4月10日　初版第2刷発行

著　者　　齋　藤　尚　志
　　　　　笹　倉　千佳弘
　　　　　井　上　寿　美

発行者　　大　江　道　雅

発行所　　株式会社　明石書店
　　〒101-0021　東京都千代田区外神田6-9-5
　　　　　　　電　話　03（5818）1171
　　　　　　　ＦＡＸ　03（5818）1174
　　　　　　　振　替　00100-7-24505
　　　　　　　https://www.akashi.co.jp

装　丁　　明石書店デザイン室
編集協力　　小　山　　光
印刷・製本　　モリモト印刷株式会社

（定価はカバーに表示してあります）
ISBN978-4-7503-4896-4

JCOPY 〈出版者著作権管理機構　委託出版物〉
本書の無断複製は著作権法上での例外を除き禁じられています。複製される場合は、その
つど事前に、出版者著作権管理機構（電話 03-5244-5088、FAX 03-5244-5089、
e-mail: info@jcopy.or.jp）の許諾を得てください。

育つ・育てる・育ちあう 子どもとおとなの関係を問い直す
井上寿美、笹倉千佳弘著 ◎1800円

保育の質を考える 安心して子どもを預けられる保育所の実現に向けて
近藤幹生、幸田雅治、小林美希編著 ◎2300円

イタリア・ピストイアの乳幼児教育 子どもからはじまるホリスティックな育ちと学び
星三和子著 ◎3000円

幼児教育・保育の国際比較 働く魅力と専門性の向上に向けて OECD国際幼児教育・保育従事者調査2018報告書[第2巻]
国立教育政策研究所編 ◎4500円

世界の保育の質評価 制度に学び、対話をひらく
秋田喜代美、古賀松香編著 ◎3200円

すき間の子ども、すき間の支援 一人ひとりの「語り」と経験の可視化
村上靖彦編著 ◎2400円

ペアレント・ネイション 親と保育者だけに子育てを押しつけない社会のつくり方
ダナ・サスキンド、リディア・デンワース著 掛札逸美訳 ◎1800円

3000万語の格差 赤ちゃんの脳をつくる、親と保育者の話しかけ
ダナ・サスキンド著 掛札逸美訳 高山静子解説 ◎1800円

生まれ、育つ基盤 子どもの貧困と家族・社会
シリーズ・子どもの貧困①
松本伊智朗編集代表 松本伊智朗・湯澤直美編著 ◎2500円

遊び・育ち・経験 子どもの世界を守る
シリーズ・子どもの貧困②
松本伊智朗編集代表 小西祐馬・川田学編著 ◎2500円

教える・学ぶ 教育に何ができるか
シリーズ・子どもの貧困③
松本伊智朗編集代表 佐々木宏・鳥山まどか編著 ◎2500円

大人になる・社会をつくる 若者の貧困と学校・労働・家族
シリーズ・子どもの貧困④
松本伊智朗編集代表 杉田真衣・谷口由希子編著 ◎2500円

支える・つながる 地域・自治体・国の役割と社会保障
シリーズ・子どもの貧困⑤
松本伊智朗編集代表 山野良一、湯澤直美編著 ◎2500円

北欧の教育最前線 市民社会をつくる子育てと学び
北欧教育研究会編著 ◎2200円

北欧の教育再発見 ウェルビーイングのための子育てと学び
中田麗子、佐藤裕紀、本所恵、林寛平、北欧教育研究会編著 ◎2200円

14歳からのSDGs あなたが創る未来の地球
水野谷優編著 國井修、井本直歩子、林佐和美、加藤正寛、高木超著 ◎2000円

〈価格は本体価格です〉

ガイドブック あつまれ！みんなで取り組む教育相談
ケース理解×チームづくり×スキルアップ
益子洋人、平野直己編著 ◎2500円

自分の"好き"を探究しよう！
お茶の水女子大学附属中学校「自主研究」のすすめ
お茶の水女子大学附属中学校編 ◎1600円

コミュニケーション・デザインの学びをひらく
教科横断で育てる協働的課題解決の力
お茶の水女子大学附属中学校編 ◎2000円

「チーム学校」を実現するスクールソーシャルワーク
理論と実践をつなぐメゾ・アプローチの展開
大塚美和子、西野緑、峯本耕治編著 ◎2200円

イタリアのフルインクルーシブ教育
障害児の学校を無くした教育の歴史・課題・理念
アントネッロ・ムーラ著、大内紀彦訳 ◎2700円

日本のオンライン教育最前線
アフターコロナの学びを考える
石戸奈々子編 ◎1800円

フル・インクルーシブ教育の実現にむけて
大阪市立大空小学校の実践と今後の制度構築
野口友康著 ◎6800円

子どもの読みがつくる文学の授業
コロナ禍をこえる「学び合う学び」
石井順治著 ◎1800円

対話からはじめる学級づくり
意欲をひきだし、道徳性をはぐくむ　社会を変える9つのヒント
若菜秀彦著 ◎2000円

10代からの批判的思考
名嶋義直編著、寺川直樹、田中俊亮、竹村修文、古閑涼二著
後藤玲子、今村和宏、志田陽子、佐藤友則、 ◎2300円

「発達障害」とされる外国人の子どもたち
フィリピンから来日したきょうだいをめぐる、10人の大人たちの語り
金春喜著 ◎2200円

多文化クラスの授業デザイン
外国につながる子どものために
松尾知明著 ◎2200円

ドイツの道徳教科書
5、6年実践哲学科の価値教育
世界の教科書シリーズ46
ローラント・ヴォルフスガング〈ヘンド編集代表〉
濱谷佳奈監訳、栗原麗羅、小林亜未訳 ◎2800円

国際セクシュアリティ教育ガイダンス【改訂版】
科学的根拠に基づいたアプローチ
ユネスコ編、浅井春夫、艮香織、田代美江子、福田和子、渡辺大輔訳 ◎2600円

「国際セクシュアリティ教育ガイダンス」活用ガイド
包括的性教育を教育・福祉・医療・保健の現場で実践するために
浅井春夫、谷村久美子、村末勇介、渡邉安衣子編著 ◎2600円

その指導、子どものため？おとなのため？
ユニセフ「子どもの権利とスポーツの原則」実践のヒント
日本ユニセフ協会・子どもの権利とスポーツの原則 起草委員会編 ◎1500円

〈価格は本体価格です〉

はじめて保育・教育を
学ぶ人のために

〈わかちあい〉の共育学【応用編】

子どもと共に未来図を描こう

笹倉千佳弘、井上寿美、齋藤尚志 [著]

◎A5判／並製／160頁　◎1,800円

人はひとりでは生きていくことができない。人は「ひと・もの・こと」をわかちあい、「ひと・もの・こと」と共にある。「何ができるようになるか」によって個人を評価・序列化する現代社会の価値観とは異なる観点から保育・教育のあり方を見つめ直す試み。

《内容構成》
 Ⅰ 保育・教育の場における営み
第1章 「育つ」ってどういうこと?
第2章 「学ぶ」ってどういうこと?
第3章 「働く」ってどういうこと?
第4章 「育つ・学ぶ・働く」を読み解く視点
 Ⅱ 育ちゆく子どもへのかかわり
第5章 「理解する」ってどういうこと?
第6章 「配慮する」ってどういうこと?
第7章 「支援する」ってどういうこと?
第8章 「理解・配慮・支援」を読み解く視点
 Ⅲ 子どもの育ちと社会
第9章 「自立する」ってどういうこと?
第10章 「責任を担う」ってどういうこと?
第11章 「保障する」ってどういうこと?
第12章 「自立・責任・保障」を読み解く視点

〈価格は本体価格です〉